中央财经大学学术著作基金资助出版

Reform and Governance:
Study on the State-owned Assets Management
in Xinjiang Production and Construction Corps

贰零
一二

宋 媛 著

改革与治理：新疆生产建设兵团
国有资产管理研究

经济科学出版社
Economic Science Press

图书在版编目（CIP）数据

改革与治理：新疆生产建设兵团国有资产管理研究/
宋媛著．—北京：经济科学出版社，2014.5
ISBN 978 - 7 - 5141 - 4579 - 3

Ⅰ. ①改⋯　Ⅱ. ①宋⋯　Ⅲ. ①生产建设兵团 - 国有资产
管理 - 研究 - 新疆　Ⅳ. ①F324.1②F123.7

中国版本图书馆 CIP 数据核字（2014）第 080447 号

责任编辑：王　娟
责任校对：隗立娜
责任印制：李　鹏

改革与治理：新疆生产建设兵团国有资产管理研究

宋　媛　著

经济科学出版社出版、发行　新华书店经销
社址：北京市海淀区阜成路甲 28 号　邮编：100142
总编部电话：010 - 88191217　发行部电话：010 - 88191522
网址：www. esp. com. cn
电子邮件：esp@ esp. com. cn
天猫网店：经济科学出版社旗舰店
网址：http://jjkxcbs. tmall. com
北京季蜂印刷有限公司印装
710 × 1000　16 开　11 印张　200000 字
2014 年 5 月第 1 版　2014 年 5 月第 1 次印刷
ISBN 978 - 7 - 5141 - 4579 - 3　定价：28.00 元

前　　言

　　中央对新疆生产建设兵团（以下简称"兵团"）的基本定位是：履行国防安全使命；参与新疆大建设、大开发，为各族人民多做贡献；兵团通过屯垦戍边的实践，逐步建立并完善党政军企一体的管理体制和独特的空间布局，构成在新疆既能迅速贯彻执行中央和自治区党委的部署，又能从大局和战略高度维护新疆稳定与和平的强大实体。兵团成立50多年来，用强有力的实践充分证明，兵团的地位是不可替代，兵团的作用是十分重要，兵团工作必须加强。中央新疆工作座谈后，兵团迎来了临史无前例的大建设、大开放、大发展的历史机遇，兵团经济社会发展步入新时期、新阶段，各项事业都站在新的历史起点上。新的历史时期更需要兵团不断强化维稳成边能力建设，不断增进民族团结，更好地发挥中流砥柱和铜墙铁壁作用。

　　国有经济和国有资产作为兵团各种经济成分中比重最大的存量，历来是万众瞩目的重中之重，是兵团完成自身肩负的历史使命和政治责任的坚实基础，也是兵团实现跨越式发展无法绕开的一个重要问题。如何管理和利用好国有资产，决定着社会最尖锐的若干利益矛盾能否得到协调，和谐的政治、经济和社会局面能否实现和社会主义制度优越性的发挥。自兵团1981年恢复计划单列以来，国有企业的改革和国有资产管理始终处于不断探索和完善之中。30多年来，兵团的经济保持了较快的增长速度；国有企业改革初见成效，产权制度改革不断完善，国有经济战略性调整和资产重组力度加大，培育形成了一批产业集中度高、辐射面广、带动力强的龙头企业和企业集团，为兵团经济发展注入了

1

新的活力；深化国有企业股份制改革，加大规范公司法人治理结构力度；进行国有资产管理体制和营运机制改革的探索，初步建立了国有资本出资人制度。但随着社会经济的发展，兵团国有经济的内生动力不足的缺点和深层次的矛盾逐步凸显出来，GDP占全疆的比重下滑，经济结构单一，投资效益差，兵团国有及国有控股企业亏损严重、产权关系没有理顺，公司治理结构不健全以及配套改革滞后等一系列问题相互复杂地联系一起，使得兵团国有企业改革难以取得实质性进展。国有经济的发展缓慢已成为兵团经济跨越式发展的最大障碍。

屯垦戍边是兵团存在的前提，是兵团的历史使命，不论经济环境如何变化、兵团管理体制如何变革，屯垦戍边使命不能变。在坚持这个前提下，必须正确处理兵团的特殊性和市场机制相结合的关系。兵团有其存在的特殊性，因此对于兵团的国有企业改革和国有资产管理，不能简单地套用和照搬全国的经验，更不能简单用成本—收益的经济法则来考量，而必须结合兵团实际，立足于兵团的特殊体制，探索出一条既具有兵团特色又符合社会主义市场经济普遍要求的发展道路。

全书沿着"兵团国有资产管理中存在的问题——挖掘问题根源——完善兵团国有资产管理的路径"的逻辑主线，采取规范与实证研究相结合、定性和定量研究相结合的研究方法，从产权问题入手，对兵团国有资产管理体制变迁和效率进行了实证描述，对相关制度进行理论和经验的分析，对兵团国有资产管理存在的问题进行了剖析，并提出了相关对策和建议。

全书共分7章，其主要内容如下所述：

第1章，主要阐述了选题背景及研究意义；界定研究范围、厘清相关概念；通过对国内外有关国有企业和国有资产管理的文献的梳理，把握了目前该领域的研究热点；通过整合和归纳以往研究者对兵团的研究成果，使本研究更好地立足于兵团当前实际，并有所创新；同时，还介绍了研究内容及其框架、研究方法，归纳了本书的主要创新之处和可能存在的不足。

第2章，理论基础。对兵团国有资产管理研究的理论基础是制度变迁理论、产权理论、交易费用理论、委托—代理理论等，通过对几种理论的融合，结合所研究的问题，提出对国有企业改革和国有资产管理的不同视角的认识：企业是产权制度的融合，完善国有资产管理的过程是制度变迁的过程，产权安排决定着国有资产管理的效率。

第3章，是本书展开核心部分论述的基础和前提。在这一章中，首先，考察了兵团体制的特殊性。研究兵团国有资产管理问题，兵团体制的特殊性是必须要关注的因素，它决定了兵团国有资产管理的变迁历程。其次，对兵团国有资产的形成和变动进行了回顾。兵团国有资产形成于兵团国有经济的产生和发展进程中，对兵团国有资产的形成和变动的回顾，是探索兵团国有资产管理体制的基础。再其次，对兵团国有资产管理体制的变迁历程进行了系统梳理。对各个不同时期，兵团国有资产管理的重点、难点、经验及缺陷进行了归纳和总结，为进一步分析论证兵团国有资产管理效率捋清了脉络。

第4章，国有资产管理体制改革的目的是为了提高国有资产管理效率。本章对兵团国有资产管理体制变迁过程中，国有资产管理效率进行了数量分析。研究表明，管理体制的变动对管理效率有正的影响，管理体制的不断完善将会促进兵团国有资产管理效率的提高。本研究认为，从总体上看兵团已解决了出资人机构到位问题，如何落实出资人职责到位问题将是今后国有资产管理的工作重心之一。

第5章，主要从理论上对兵团国有资产管理存在的问题及成因进行了总结和分析。本书认为，导致兵团国有资产管理效率低下的原因是多方面的：从兵团国有经济的地域分布来看，分散性已经成为兵团最大的问题。兵团国有企业产权改革是不到位、不彻底的，还存在着产权结构单一、国有经济比重大；产权主体不分、行政手段干预过多，政企不分；产权多元化改革不规范；产权交易障碍重重等问题，使得兵团的国有企业难以真正的建立起现代企业制度。另外，兵团国有企业在法人治理结构方面仍有很多问题亟待解决，如"一股独大"、"内部人控制"、"董事会的越位和缺位现象并存"、"被绑架的监事会"、"国有企业经营者的激励约束机制不到位"等问题。

第6章，主要提出了新形势下和新的历史时期，完善国有资产管理的对策和建议。这也是本研究的创新之一。"十二五"时期，兵团计划经济总量将较2010年翻一番，达到1400亿元，固定资产投资4000亿元。推进城镇化、新型工业化、农业现代化是兵团"十二五"时期的发展重点和主要任务。立足于兵团实际，结合兵团的发展重点和主要任务，本研究从继续推进兵团国有资产管理体制变革，适度推进兵团国有企业集群发展，优化兵团国有企业内部治理结构，确立兵团法制地位以及其他配套措施的改革等几个主要方面，进行了思考和探讨，希望对兵团国有资产管理工作的完善有所裨益。

第7章，通过分析得出的主要观点和对未来研究的展望。

本书是在笔者的博士论文基本上不断修改、丰富而最终形成的。以专题的形式对兵团国有资产管理进行了系统性的研究，这是以往所未曾有过的。研究成果对于兵团在新的历史时期开展国有资产管理工作，具有一定的理论价值和实践意义。由于国有资产管理本身这一研究课题具有复杂多变的特征，又囿于兵团的特殊性，因此，专著仍然存在着巨大的研究空间（如对兵团国有资产预算制度的研究以及如何构建兵团国有资产管理的绩效评价体系等）和薄弱环节（如因数据、文件不可获得导致某些方面的研究只限于浅层次的状态等），笔者将在以后的后续研究中，对上述研究空白点做进一步的理论探讨，对研究的薄弱环节进行深入挖掘，以完善研究内容，弥补不足。

目　　录

第 1 章

导　论

1.1　选题背景与意义

2009年9月，笔者第一次踏上了新疆的土地。此时，乌鲁木齐刚刚经历完"7·5事件"，民族团结、社会稳定与人民安居乐业、地区经济发展的关系凸显出来。城市主要街道、社区和重点目标的方位都可以看到担任执勤任务的"不穿军装，永不退役"的兵团民兵。在维稳处突的行动中，兵团武装力量和民兵队伍迅速集结，协助地方果断处理，为平息事态发展发挥了极其重要的作用，有力证明了：兵团是新疆稳定的基石，是维护新疆繁荣稳定的重要力量。

此后，作为"新形势下兵团经济改革与发展问题"课题组的成员，笔者又先后几次来到新疆跟随兵团统计局对兵团辖区进行考察调研。其间，深切感受到了兵团人发扬伟大的"屯垦戍边"精神，在艰苦甚至恶劣的自然环境中，克服了许多难以想象的困难，扎根边疆、建设边疆，无私奉献、无怨无悔，展现出奋发有为的良好精神风貌，在开发新疆、建设新疆的进程中作出了突出贡献：兵团成立50多年来，开创了新疆现代农业的先河，发展了新疆现代工业和服务业，在新疆建立了大批工交建商企业，并逐步形成以轻工、纺织为主，煤炭、建材、电力、化工、机械等门类较多的工业体系。兵团已经成为新疆经济的重要组成部分。

出于对兵团和兵团人崇高的敬意，也源于笔者自身来自少数民族聚居区、深刻了解民族团结、民族地区经济发展对全国"一盘棋"的重要意义，于是决定以新疆生产建设兵团为选题做博士论文。这个想法得到了导师的首肯和鼓励。在导师的指导下，拟定以"新疆生产建设国有资产管理研究"为题。

随后而来的国家层面的发展新疆的大战略、大举措，使笔者更进一步坚定了做好这个选题的决心和信心。2010 年，是新疆维吾尔自治区和新疆生产建设兵团历史上，具有里程碑意义的一年。在经历了"7·5"事件和西部大开发战略实施 10 周年之后，新疆维吾尔自治区和兵团迎来了临史无前例的大建设、大开放、大发展的历史机遇：

3 月，全国对口支援新疆工作会议在北京召开。对口支援历史上支援地域最广、涉及人口最多、资金投入最大、资助领域最全的一次对口支援疆工作就此拉开序幕。新疆 12 个地（州）市的 82 个县（市）和新疆生产建设兵团的 12 师成为受援地，受惠面遍及天山南北。至 2011 年，19 个省市对口援疆资金总规模将超过 100 亿元。10 年内兄弟省市援疆资金总规模将至少超过千亿。与此同时，中央还将通过转移支付、专项资金等渠道加大投入，且将数倍于对口援疆资金的规模。毫无疑问，国家层面的大动员，政策、资金、人才等各种要素的大调度，必将为新疆跨越式发展插上腾飞的双翅，为民生的改善奠定新的基础。

5 月，中央又召开了新中国成立有史以来首次的新疆工作座谈会。在座谈会上，胡锦涛发表了重要讲话，把在新形势下做好新疆工作，提高到一个新的历史高度。他指出，做好新形势下新疆工作，是提高新疆各族群众生活水平、实现全面建设小康社会目标的必然要求，是深入实施西部大开发战略、培育新的经济增长点、拓展我国经济发展空间的战略选择，是我国实施互利共赢开放战略、发展全方位对外开放格局的重要部署，是加强民族团结、维护祖国统一、确保边疆长治久安的迫切要求。中央给予了新疆维吾尔自治区和兵团前所未有的支持政策，率先进行资源税费改革，将原油、天然气资源税由从量计征改为从价计征，对新疆困难地区符合条件的企业给予企业所得税"两免三减半"优惠，中央投资继续向新疆维吾尔自治区和兵团倾斜；同时，确定了着力解决民生领域的突出问题，加强基础设施建设和生态环境保护，促进特色优势产业发展，加快改革开放步伐，加强宣传思想文化工作，加大财税、投资和金融政策支持力度，加强民族宗教工作，加强维护稳定工作，加强外事外宣工作，认真做好对口援疆的协调配合工作，加强党的领导①，共计 11 项发展总任务，助推新疆和兵团经济发展提速，给新疆和兵团社会建设加油。

---

① 刘维涛：《中共中央国务院召开新疆工作座谈会》，中直党建网，2010 年 5 月 21 日。

如果说从治国安邦的战略高度出发，组建新疆生产建设兵团（以下简称"兵团"），曾是中央维护边疆稳定和国家长治久安的大智慧，那么凝聚国之深情，汇聚国之伟力，又使得兵团和新疆经济社会发展步入新时期、新阶段，各项事业都站在新的历史起点上。从"稳定压倒一切"到"发展与稳定并重"，再到发展经济与改善民生是稳定的基础，兵团和新疆的施政方针渐渐清晰：把保障和改善民生作为全部工作的出发点和落脚点，把加强民族团结作为长治久安的根本保障，把维护社会稳定作为发展进步的基本前提，努力推进新疆跨越式发展和长治久安。在这样新的形势下和新的历史阶段，兵团必须进一步提高认识，解放思想，理清经济发展和改革的思路，按照胡锦涛在视察新疆和兵团工作时要求的兵团应处理好"屯垦与戍边的关系，特殊管理体制与市场机制关系，兵团与地方的关系"三个重大关系，"更好地发挥推动改革发展、促进社会进步的建设大军作，更好地发挥增进民族团结、确保社会稳定的中流砥柱作用，更好地发挥巩固西北边防、维护祖国统一的铜墙铁壁作用"，探索社会主义市场经济体制下的屯垦戍边新模式，抓住重大历史机遇，实现兵团的跨越式发展，完成中央赋予的屯垦戍边历史使命。

　　国有经济和国有资产作为兵团各种经济成分中比重最大的存量，历来是万众瞩目的重中之重，也是兵团要实现跨越式发展无法绕开的一个重要问题。就兵团这个体制特殊的社会组织而言，发展壮大国有经济是兵团完成屯垦戍边任务的坚实基础，如何管理和利用好国有资产，决定着社会最尖锐的若干利益矛盾能否得到协调，和谐的政治、经济和社会局面能否实现和社会主义制度优越性的发挥。自兵团恢复计划单列以来，国有企业的改革和国有资产管理始终处于不断探索和完善之中：从最初的放权让利的浅层次改革，到深入进行制度创新的深层次改革；从搞活单个国有企业到整体搞活国有经济；从普遍获利阶段进入到利益格局调整阶段。30多年来，兵团的经济保持了较快的增长速度（如图1-1所示）；国有企业改革初见成效，产权制度改革进一步深化，国有经济战略性调整和资产重组力度加大，培育形成了一批产业集中度高、辐射面广、带动力强的龙头企业和企业集团，为兵团经济发展注入了新的活力；建立了国有资产监督管理体制，明确了出资人职责；深化了国有企业股份制改革，加大规范公司法人治理结构的力度；进行了国有资产管理体制和营运机制改革的探索，初步建立了国有资本出资人制度，基本形成了国有资产管理、监督、营运体系框架。

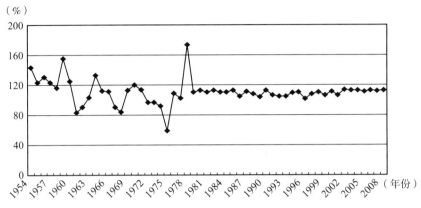

图1－1　兵团生产总值发展速度

资料来源：根据《兵团年鉴（2010）》整理得出。

然而改革的艰巨性远远超出人们的预期。随着外部环境的变化，兵团发展面临着一些深层次矛盾和问题。目前，兵团这个被戏称为"中国计划经济的最后一艘航母"的特殊社会组织，由于其管理体制和市场机制存在着冲突，在市场化的进程中面临着困境：从国家规定的法定意义上讲，兵团是一个企业，具有企业属性，其国有企业不特殊，兵师企业也是法人实体和市场竞争主体。但"是政府，要纳税；是企业，办社会；是部队，没军费；是农民，入工会"这样的多目标的职能不利于企业面向市场的经营绩效；条块经济结构又增加了经济体制改革的成本；党政军企合一的体制，很多经济管理职能不分，出资人缺位，政企政资不分，资产运营监管不到位，行政管理和资产运营合二为一，管人和管资产难以统一等问题，这些都导致了改革开放以后，兵团经济一直处在落后于全国和新疆维吾尔自治区的水平。

兵团经济总量占全疆比重大幅度下降，从1978年的18.0%，下滑到2008年的12.4%，兵团经济增长动能不足，见图1－2所示。投资效益差。兵团的国有投资比重在全国是最高的。兵团投资总额中，国有占了66.7%，远远高于全国国有投资比重的28.2%和新疆的37.3%。但从衡量投资效益的主要指标投资弹性系数来看，兵团投资弹性系数近几年整体上呈现下滑趋势，见图1－3所示。国有及国有控股企业亏损严重。2009年，兵团国有及国有控股企业决算汇编户数579户（其中：农业158户，工业143户，交通运输业16户，建筑施工业64户，商品流通业198户）

中，亏损企业 210 户，亏损面 36%，亏损企业亏损总额 191269 万元。在
农业 158 户汇总单位中，亏损 1000 万元以上的有 13 户，共计亏损 35363
万元；工业汇编 143 户中，亏损企业 56 户，亏损面 39%，亏损企业亏损
额 33345 万元；交通运输业汇编 16 户，亏损 108 万元；建筑业汇编 64 户，
亏损企业 15 户，亏损面 23%，亏损额 15604 万元；商品流通及服务业汇
编 198 户，亏损企业 64 户，亏损面 32%，亏损企业亏损额 92775 万元。①
产权关系没有理顺，公司治理结构不健全以及配套改革滞后等一系列问题
相互复杂地联系一起，使得兵团国有企业改革难以取得实质性进展。国有
经济的发展缓慢已成为兵团经济跨越式发展的最大障碍。

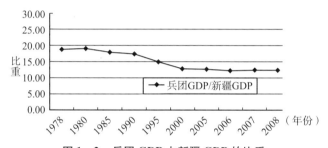

图 1 - 2　兵团 GDP 占新疆 GDP 的比重

资料来源：根据《兵团年鉴（2009）》整理得出。

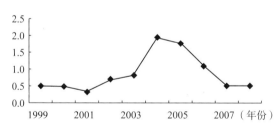

图 1 - 3　1999～2008 年兵团投资弹性系数

资料来源：根据《兵团年鉴（2009）》整理得出。

新的历史阶段，中央对新疆维吾尔自治区、新疆生产建设兵团寄予了
厚望：要创新发展模式，促进互利合作，抓住国家支持新疆发展和稳定的
重大机遇，用自己的双手创造更加美好的未来。② 因此，在新形势、新特

---

① 　根据兵团统计局内部资料整理得出。
② 　《全国对口支援新疆工作会议在北京召开》，天山网，2010 年 3 月 31 日。

征、新机遇下，深刻思考兵团经济发展中长期积累的深层次矛盾；在总结兵团56年来发展经验的基础，积极探索社会主义市场经济体制下屯垦戍边的新模式，建立和完善与市场经济要求相适应的兵团新经济体制，增强兵团国有经济的实力，提高国有企业的经济效益，是既具有现实性又具有前瞻性。本选题对兵团国有资产管理进行研究和探讨，可以说抓住了兵团经济社会发展的主要问题和问题的主要方面，具有一定的理论价值和实践意义。

首先，研究是对地方国有资产管理问题乃至中国国有资产管理问题研究的延伸和细化。在我国，地方国有资产管理与全国国有资产管理是紧密相连的，是整个国有资产管理系统的重要组成部分。我国地方国有资产管理制度的形成和发展是与我国社会主义市场经济的改革进程相联系的。由于我国的社会主义市场经济的改革实行的是"由点到面"的增量式改革，与此相适应，我国国有资产管理体制改革也是渐进式的。因此，各地方国有资产管理的体制、模式是不尽相同的。兵团作为我国目前唯一一个具有"党政军企"于一身的特殊社会组织①，承担着屯垦戍边的特殊使命。兵团国有资产管理及其效益，对兵团、新疆乃至全国经济的发展和社会进步具有十分重要的意义。但是关于兵团国有资产管理问题的研究，无论是新疆地区还是就国内的研究现状来看，都是涉及非常少的，只是散见于相关经济问题研究当中，而由于兵团的特殊性质，又决定了国外研究者无法开展兵团国有资产管理领域的研究，因此，可以说，系统地对兵团的国有资产管理进行研究，是一个较新的课题。兵团经过50多年的开发建设，特别是西部大开发以来的快速发展，综合实力不断提升，在理论研究方面，对于经济发展中的一些问题的思考和总结也有了一定沉淀和积累。在这种情况下，对兵团国有资产管理的经验和未来的发展战略进行总结和研究，其重要意义是自不待言的。它既是对我国地方国有资产管理问题研究的延伸和拓展，也为兵团经济问题研究填补了空白。

其次，研究是对"兵团研究"的开拓和丰富，是对兵团乃至新疆经济研究的深化。建立新疆生产建设兵团，是党和国家治国安邦的重大战略决策，是中国共产党把马克思主义基本原理同中国新疆实际相结合的一项伟

---

① 新中国成立后，中共中央率先在新疆继续实施和发展屯垦戍边事业，继而又作为一种边疆开发模式推广到黑龙江、内蒙古、广西、云南等10多个省区。但是目前黑龙江、内蒙古和云南等省区建立起来的生产建设兵团已演化为较单纯的地方国有农场，主要承担着农业经济与社会开发的功能。

大创造。兵团与地方企业和中央直属企业并列成为新疆经济发展的三大支柱。加强对兵团事业发展中现实重大问题的研究，对于坚定人们把这项宏伟的事业推向前进的信念，对于激发人们与时俱进，创造屯垦戍边的新业绩都具有重要的意义。"兵团屯垦戍边事业引发的问题涉及政治、经济、文化、科技、军事、边防、民族、移民、屯垦等众多范畴，涵盖人文科学、社会科学和自然科学各领域，很多学科在这个特殊的社会组织中都有特殊的研究内容。"① 从普遍性出发，结合兵团实际探讨这些"特殊的研究内容"，无疑具有更重要的现实意义。自兵团成立后，理论界对兵团的研究多是从政治、文化等角度展开的，在国内外的兵团文献中关于屯垦戍边思想、兵团精神、历史、文化等问题的研究和论述较多，而关于经济发展的研究相对较少，本研究以新疆生产建设兵团经济发展为视角，以国有资产管理的角度深入，是对兵团研究的开拓和丰富。

最后，研究在新疆开发大战略背景下，可以为兵团国有资产管理工作提供可资借鉴的对策。回顾兵团 50 多年的发展历程，党中央在各个历史时期都对兵团的任务和作用提出过明确的要求。以毛泽东为核心的第一代中央领导集体，赋予兵团"生产队、工作队、战斗队"的任务；邓小平为核心的第二代中央领导集体，肯定兵团是"新疆是经济建设的重要力量，民族团结的重要力量，安定团结的重要力量和巩固边防的重要力量"；以江泽民为核心的第三代中央领导集体，要求兵团做"生产建设的模范，安定团结的模范、民族团结的模范"。新时期，胡锦涛进一步要求兵团更好地发挥建设大军、中流砥柱、铜墙铁壁这"三个作用"，并在 2006 年视察新疆时给予兵团高度评价：百万军垦战士英勇奋斗、艰苦创业、屯垦戍边，保卫边疆，建设边疆，为促进新疆经济社会发展，促进民族团结，巩固祖国边防，维护祖国统一作出了不可磨灭的贡献。目前，从中央到各地方省市、社会各界，对新疆的发展均表现出了高度的关注。新疆迎来大建设、大开放、大发展的历史性机遇。在实现新疆跨越式发展、社会长治久安目标的进程中，兵团肩负着重要而特殊的历史责任。在这样一个大的历史背景下，系统而深入地研究兵团的国有资产管理状况，归纳国有资产管理中存在的问题，探讨如何把兵团党政军属性和企业属性从理论到实践上有机统一起来，创新发展模式，更好地实现兵团国有资产保值增值的对策，对更好地壮大兵团戍边的实力，解决当前急需和从根本上解决的迫切

---

① 王运华：《中国西部屯垦概论》，新疆人民出版社 1997 年版，第 1 页。

问题，具有十分积极的现实意义。

1.2 基本概念界定

1.2.1 新疆生产建设兵团（中新建集团公司）

新疆生产建设兵团（The Xinjiang Production and Construction Corps），组建于 1954 年，分布在新疆维吾尔自治区境内，是新疆维吾尔自治区的组成部分，承担着国家赋予的屯垦戍边的职责，在自己所辖的垦区内，依照国家和新疆维吾尔自治区的法律、法规，自行管理内部的行政、司法事务，在国家实行计划单列的特殊社会组织，受中央人民政府和新疆维吾尔自治区人民政府的双重领导，享有省级的权限，并在国民经济和社会发展方面实行国家计划单列。兵团的党务和税收事务由自治区分管，而行政、司法、经济、财政等则由中央政府管理并依照国家法律自行管理内部的行政、司法事务。

新疆生产建设兵团的管理体系主要有兵团、师、团三级。兵团和师均设第一政治委员、政治委员、司令员或师长三个主要职位。兵团的司令部设在乌鲁木齐，兵团的师大都与自治区的地区行政中心分别对应，兵团的团级单位除了团场外，还有农场、牧场等，一般统称为"农牧团场"，行政级别为县处级。团场编以数字番号。兵团实行师实行师市合一体制，拥有石河子、五家渠、图木舒克、阿拉尔四个县级市。

1.2.2 国有资产

国有资产（State-owned Assets）有广义和狭义之分。广义的国有资产即国家财产，指国家以各种形式投资及其收益、拨款、接受馈赠、凭借国家权利取得、或者根据法律认定的各种类型的财产或财产权利，具体包括：（1）国家以各种形式形成的对企业投资及其收益等经营性资产；（2）国家向行政事业单位拨款形成的非经营性资产；（3）国家依法拥有的土地、森林、河流、矿藏等资源性资产。狭义的国有资产是指投入社会再生产过程，从事生产经营活动的资产，又称为经营性国有资产，存在于各类国有及国家参股、控股的企业中。经营性国有资产包括：（1）企业使用的国有资产；（2）行政事业单位占有、使用的非经营性资产中，以获利为目的而通过各种形式用于经营的资产；（3）国有资源中投入生产经营过程的部分。

非经营性资产不直接为国家创造利润和增值，因此，本研究中所论述的国有资产指的是狭义的国有资产，即经营性国有资产。

1.2.3 国有资产管理

一般而言，国有资产管理是指在市场经济中，国家以国有资产所有权为基础，以提高国有资产运营的经济效益和社会效益为目标，对资产的占有、使用、收益、处置展开的管理活动。[①] 国有资产管理覆盖国有资产运营的各个环节、各个方面，包括国有资产的投资、经营、收益分配及资产评估、登记、界定等内容。

国有资产管理的要素有以下四个方面：

（1）国有资产管理主体。即由谁来代表国家管理国有资产。在现行国有资产管理体制下，企业中经营的国有资产，统一由国务院，省、自治区、直辖市人民政府，设区的市、自治州级人民政府国有资产管理委员会行使所有者的职责。

（2）国有资产管理的客体。即国有资产的管理对象。从一般意义上讲，其是指所有权归国家所有的所有资产。主要内容包括：第一，投资管理。此项管理围绕着国有资产优化资本配置，维护投资者权益进行，包括国有资本的布局、规划和国有资产的设置。第二，产权管理。包括：对国有业改制、兼并、拍卖、破产等产权转让及产权交易活动的管理。第三，收益管理。包括对国有资产收益确认、国有资产收益分配和国有资产收益的使用等。第四，国有资产经营的管理。对国有资产经营的管理主要是对经营方式的选择。第五，国有资产的监管。从国家作为资产所有者的角度出发，设计和制定一系列法律法规，包括制定监管条例、企业增值保值指标考核体系等。[②]

（3）国有资产管理的目标。总体而言，国有资产管理有三项基本任

① 肖翔：《国有资产管理与评估》，中华工商联合出版社 2000 年版，第 11 页。
② 曹世华等：《地方国有资产管理制度研究》，中国科学技术大学出版社 2004 年版，第 24～25 页。

务：第一，维护国有资产所有者、资产所有者代表、资产经营者等各方的合理权益实现国有资产的保值增值；第二，提高国有经济的综合水平，发挥国有经济的特有功能；第三，优化国有资产配置，提高国有资产的使用效益。[①]

（4）国有资产管理的手段。主要包括法律手段、经济手段和行政手段。在社会主义市场经济条件下，国有资产管理的法律手段是保护国有资产权益的重要手段；由于对利益的追求是企业和个人行为的根本动机，经济手段是政府管理国有资产的重要手段，而行政手段虽然具有行动迅速、政策见效快等特点，但容易产生政府过多干预或者不正当干预企业生产经营行为的问题。因此，国有资产管理主要以法律、经济手段为主，配合必要的行政手段，提高资产利用效率，维护国有资产合法权益。[②]

1.2.4 国有资产管理体制

国有资产管理体制，是在中央与地方之间及地方各级政府之间划分国有资产管理权限，建立国有资产经营管理机构与体系的一项根本制度。它是我国经济管理体制的重要组成部分。通过建立科学、合理的国有资产管理体制，有效解决国有资产管理的产权代表方式、经营机构、经营形式以及相应的权、责、利关系等重大问题，贯彻国家有关国有资产管理的各项方针政策、法律法规，巩固和发展国有经济，实现国家经济发展战略目标。

建立与社会主义市场经济相适应的国有资产管理体制，具有十分重要的意义。首先，通过建立健全国有资产管理体制，划分各级政府国有资产管理权限，建立国有资产经营管理体系，理顺国有产权领域关系，加强国有资产管理。其次，选择恰当的经营方式，明确国有资产所有者、经营者、生产者之间的责、权、利关系，保证国有资产的保值、增值，有效防范国有资产流失，维护国有资产合法权益，努力提高国有资产运营效益，实现其预定的经济、社会和环境政策目标。最后，建立国有资产管理体制，提高资产运营效率，有利于充分发挥国有经济的主导地位，保证国民经济的性质与正确的发展方向，并为国家宏观经济管理服务。

---

① 李忠信等：《国有资产管理新论》，中国经济出版社 2004 年版，第 163 页。
② 刘玉平：《国有资产管理》，中国人民大学出版社 2008 年版，第 6 页。

1.2.5 国有企业改革与国有资产管理

国有企业改革和国有资产管理是密不可分。国有企业是国有资产存在和运动的主要载体。旨在建立现代企业制度的国有企业改革，必然要求并推动适应社会主义市场经济要求的国有资产管理制度的建立和发展。有效的、符合现代企业制度求的国有资产管理体制，将有助于深化国有企业改革和完善社会主义市场经济体制。将国有企业改革和国有资产管理结合起来进行研究，符合事物发展的客观规律。

1.3 相关文献评述

1.3.1 关于国有资产管理的相关研究

改革开放 30 多年来，我国关于国有资产管理改革的研究不断地在宏观和微观两个层次上展开。宏观层次主要围绕国家国有资产管理体制和模式进行，微观层次主要围绕国有企业国有资产管理和经营运行。

1.3.1.1 关于国有资产管理体制问题研究

国有资产管理体制是关于国有资产管理机构设置、管理权限划分和确定管理与监督方式等方面内容的基本制度安排体系，是国民经济管理体系的有机组成部分。从 1978 年改革开放至今，理论界对我国的国有资产管理体制改革问题展开了积极的讨论和争鸣，并取得了一系列的研究成果。

（1）如何划分国有资产管理体制改革的阶段。

关于我国国有资产管理体制改革的历程的划分问题，在学界和理论界并无统一的论断，学者们依据各自的研究重心和理论框架，对国有资产管体制改革的历程的划分标准也不尽相同。

三阶段论。郑海航（2008）认为，国有资产管理体制改革的核心问题可以概括为处理好政、资、企三者的关系，而国有资产管理体制的改革过程则是按照处理政企关系、政资关系和资企关系的顺序，由浅入深地逐步展开和不断深化的。他认为，国有资产管体制改革的过程可以分为三个阶段：政企分开阶段（1978～1988年），这一阶段，从微观层面，以企业扩权为重点，尚未深入涉及国有资产管理体制改革；政资分开阶段（1988～2002年）。在一阶段，开始从宏观层面探讨国有资产所有者职能与政府社会管理职能分开的国有资产管理体制；资企分开阶段（2002年至今）。是国资委国有股东权与公司法人财产权分开的国有资产管理体制全面创新阶段。① 黄速建等（2009）根据各个时期国有企业改革的特点，也将国有资产管理体制改革分为以放权让利为特征的初步探索时期、以两权分离为特征的进一步探索阶段和以建立现代企业制度和实施国有资产战略性改组为特征的改革阶段等。②

　　四阶段说。也有观点倾向于从在国有资产与国有企业中考察国有资产管理体制的演变将其划分为四阶段：酝酿阶段（企业扩大自主权阶段）：1979～1984年。这一时期更多在于企业内部管理权限的扩张，没有涉及体制因素的变革。起步阶段（两权分离阶段）：1985～1992年。这段时期，国有资产管理体制的重点是国有企业的改革，在大面积铺开后尝试了众多的方式，如利税改革、承包制、经营责任制等，但核心的方式还是承包制。探索阶段（建立现代企业制度并调整国有经济布局阶段）：1993～2002年。此阶段国有企业微观改革与国有经济宏观调整齐头并进，掀起了国有资产管理体制宏观改革的序幕。深化阶段（国有资产管理体制改革阶段）：党的十六大至今。宏观层面改革的进一步深化，是对传统国有资产管理体制的根本性变革。

　　以管理体制的重大认识和突破作为研究的出发点。如马海涛等（2009）在回顾了我国国有企业30年改革历程的基础上，把国有资产管理局的建立、建立国有企业财产监管体系、撤并国有资产管理局、实行"授权经营"模式以及成立国有资产监督管理委员会等作为国有资产管理体制分阶段的标志，并以此总结了国有资产管理体制改革的基本经验，指出必须抓住产权改革的主线，完善公司治理机制，加强立法工作，在国有经济的布局和结构的调整中实行国有资产管理体制的动态管理。③

---

① 郑海航：《中国国有资产管理体制改革三十年的理论与实践》，载《经济与管理研究》2008年第11期。
② 黄速建：《国有企业改革三十年：成就、问题与趋势》，载《首都经济贸易大学学报》2008年第6期。
③ 马海涛、王爱君：《中国国有资产管理体制改革30年经验回顾与展望》，载《广西财经学院学报》2009年第4期。

（2）国有资产管理体制的设置原则问题研究。

杨励等（2003）认为，国有资产管理体制的设置原则主要有：第一，必须建立中央与地方政府出资人制度，划定权责边界。第二，必须建立统一的国有资产管理机构，切实防止国有资产管理职能的分割与抵触。第三，必须围绕建立现代企业制度和国有经济的战略布局调整展开。[①] 李轩红（2003）认为，构建国有资产管理体制必须坚持以下原则：第一，要在完善的法律框架内实现国有资产管理机制的职能到位；第二，要通过体制和机制的创新，实现国有资产运营能力的到位；第三，要建立科学的考评指标体系和奖惩措施，实现激励约束机制。[②] 张颢瀚等（2005）认为国有资产管理体制的构建必须遵循：第一，"统一法规"原则。第二，"分级产权"原则。在中央和地方两级分别设立专司国有资产监管职能的委员会或部、局，对关系国民经济命脉和国家安全的大型企业等，有中央国有资产监管委员会代表国家履行出资人职能，并享有所有者权益；其他国有资产均有地方国有资产监管委员会以出资人（所有者）主体的身份实施监管，在享有所有者权益的同时，承担国有资产保值增值的职责。第三，"分类管理"原则。国有资产主要集中在"三种行业、两类产业"，可以根据这一定位，进行分类管理。第四，"出资人规范"原则。政府作为国有资产所有权代表的管理职能与一般社会经济管理职能要加以严格分离。政府作为国有资产所有权的代表，只能通过国有资产监管委员会与授权的国有资本营运机构发生直接投资关系，通过直接监管授权经营机构，实现国有资产的管理监督。第五，"分级监管"原则。将国有资产分为中央和地方两大层次，分级建立中央和地方两级资产监管体系和资本预算制度，以减少中央政府和地方政府之间的代理成本，且有助于地方政府在所有者和拥有剩余索取权之后提高监管的积极性和效率。[③]

（3）关于国有资产管理体制的基本框架问题。

现行的国有资产管理体制的基本框架是"国资委—国有资产经营公司—企业"三个层次。但理论界对于国有资产管理体制的基本框架的认识并不统一，有学者还提出了两层次或四层次的论点。如李保民（2003）认

---

①　杨励、刘美珣：《国有企业的特殊性与我国国有企业的布局定位》，载《清华大学学报》（哲学社会科学版）2003 年第 2 期。

②　李轩红：《构建国有资产管理新体制》，载《国有资产管理》2003 年第 6 期。

③　张颢瀚、张明之、王维：《从经营国有企业到管理国有资产》，社会科学文献出版社 2005 年版，第 276～279 页。

为，国资委与企业就是投资人和被投资人的关系，其实就是两层关系。① 张文魁（2003）认为，不要把三层模式当作唯一的模式，构建新的国资管理体制也不一定要设立中间层公司，因为其存在弊端，如中间层公司不满足于"资产运营"而进行"业务运营"，带有较强的政府色彩，对企业进行管理控制时也常常与公司治理规则发生冲突等。② 刘仪舜（2003）认为，不管采取几个层次，政资分开、政企分开是唯一检验的标准。③ 史言信（2008）认为我国国有资产管理体制的机制设计上存在着缺陷。现行的国有资产管理体制并没有从根本上解决政企、政资不分的问题，国务院国资委还在同时肩负出资人和行政职能，这一体制缺陷在今后的改革中会逐渐显示出来，并提出构建"四层次"的国有资产管理体制，促进政企、政资的彻底分离。④

（4）有关现行国有资产管理体制存在问题的探讨。

目前，我国现行的国有资产管理体制仍存在弊端和缺陷，归结起来主要以下几个方面：第一，国有资产出资人制度尚未健全。如针对出资人如何履职行权的问题，贾康（2010）认为，总的基调是立足于出资人的身份，实现从管资产向管股权的根本性转变。国资委是一个履行出资人职责的机构，经营公司是一个股东身份。在出资人下端，需要进一步淡化"国有资产"概念而强化"国有资本"理念，通过资本权能的发挥来实现国有资本的保值增值，再派生出其控制力、影响力和带动力。⑤ 第二，国有资产监管不力，国有资产流失现象普遍存在。谭浩俊（2010）认为，相对于前几年国有企业在改制过程中暗箱操作、私下交易、低价转让、隐匿资产等流失问题，目前国有资产流失又出现了新动向，如国有企业在快速扩张过程中的国有资产"扩张性流失"、"洗钱性流失"，国有企业、地方政府融资平台在企业债券发放过程中的国有资产"操作性流失"等。⑥ 第三，国有资产资产经营效益不高。魏杰（2003）认为政府对国有资产的运营的行政干预太大，从而大大降低了国有资产的运营效率。⑦

---

① 国务院体改办研究所课题组：《产权制度与国有资产管理体制改革》，载《经济学动态》2003年第1期。

② 戴伟利：《深化国有资产管理体制改革观点综述》，载《党政干部学刊》2003年第9期。

③ 刘仪舜：《建立国有资产管理新体制》，载《党政干部文摘》2003年第5期。

④ 史言信：《中央与地方国有资产产权关系研究》，载《江西财经大学学报》2008年第1期。

⑤ 贾康：《后改制时代国资出资人如何履职》，载《上海国资》2010年第8期。

⑥ 谭浩俊：《警惕国有资产流失的新动向》，载《产权导刊》2010年第6期。

⑦ 魏杰：《国资出资人角色与职责的清晰化——关于国资管理专司机构的五个问题》，载《上海国资》2003年4期。

1.3.1.2　关于国内外国有资产管理模式研究

（1）我国国有资产管理模式的研究。

党的十五大以来，我国地方改革的进程加快，不少省市对国有资产管理体制的改革进行了可贵的探索，形成了各具特色的地方政府管理国有资产模式。张洪等（1998）认为，试点城市总体上采用了三层国有资产管理模式。第一层，是国有资产管理委员会，下设国资委办公室；第二层，国有资产中介运营机构，接受国有资产管理委员会授权，专司国有资产经营管理；第三层，按公司法设立的国有资产独资、控股或参股企业。通过三个层次的管理，实现政企分开、国有企业改制，实现国有资产管理从实物状态管理为主向价值形态管理为主的转变，通过层层委托代理，解决国有资产资本运营问题。根据国有资产中介运营机构的组织方式不同，大致分为上海、深圳、武汉三种模式。这三种模式共同的问题是：第一，国有资产所有者仍然缺位。第二，国有资产经营（控股）公司作为"中间代理人"，扮演者委托人和代理人的双重角色。第三，国有资产经营（控股）公司由于仍兼有行业（办）管理职能，实质上政企没有完全分家，加上国有资产所有者的新职能，对下层企业的干预更直接，管得更死，不利于国有企业放开、搞活，迫切需要在制度上对国有资产经营公司的职权和行为予以规范。① 杨瑞龙（2003）指出，"深沪"模式对于明晰产权关系、促进政企分开、增强企业活力等方面起到了积极的作用。但随着我国市场化程度的不断提高和经济全球化进程的日益加快，与该模式伴随的一股独大及相关弊端逐渐暴露，特别是在很多地方处于中间层次的国有控股公司成了提高国有资产运作效率的"中梗阻"。②

李映波（2006）认为，以深圳市 1987 年成立全国第一个专门的国有资产管理机构和 1988 年国家国有资产管理局的成立为标准地方国有资产管理可以归结为："深沪"模式、"一体两翼"模式和"98"模式。其中"深沪"模式，影响涉及十几个省市自治区，这个模式中实现了，国有资产运营职能与国有资产监管职能相分离，解决了国有资产出资人"缺位"的问题。"一体两翼"模式是 1998 年前全国过较大部分省区市，包括中央政府，基本上都实行的一种管理模式。这种模式以财政部为主体，国有资

① 张洪、李正雄、李建华：《我国地方政府国有资产管理模式比较研究》，载《思想战线》1998 年第 5 期。
② 杨瑞龙：《国有资产管理模式的新探索》，载《现代经济探讨》2003 年第 4 期。

产管理局和税局作为"两翼"，带有明显的计划经济色彩。"98"模式将国有资产的出资者所有权分别由不同的政府部门行使，取消了国有资产所有权代理职能的专司机构。由作为社会经济管理部门的财政部（地方财政厅局）兼司国有资本基础管理职能，行使受益及产权变更管理职能；由同样作为社会经济管理部门的经贸委对国有企业行使重大投资、技改投资的审批及产业政策的制定、国有企业的破产管理、兼并、改制等监管职能；国家计委则行使基本建设投资管理职能；由组织部、大企业工委行使选择经营者的职能；劳动部掌管企业工资额的审批。这种模式被戏称为"五龙治水"。①

此外，郑小玲（2008）还对"辽宁"模式和"吉林"模式进行了比较分析，指出在三层架构的基础上，地方国有资产管理模式仍然存在着国资管理部门同政府的目标冲突、法律缺位或抵触等问题。②

（2）国外国有资产管理模式研究。

从管理层次看，国外国有资产管理模式大致有两种：一是"三层次模式"，在政府和企业之间设立一层国有资产产权经营机构，如国有控股公司，由政府授权经营。国有控股公司主要通过对子公司的产权管理来实现资产的保值增值。采用这种模式的国家有新加坡、意大利、英国、西班牙等。二是"两层次模式"。政府按不同方式管理国有企业，不设中间层进行产权经营。美国、加拿大、法国、德国、巴西等国采用的是这种模式。

从管理权力的集中程度看，大致可分为集权管理模式、分权管理模式和集权与分权结合模式三种：一是集权管理模式。以日本、韩国为代表，对国有资产的管理采取集权管理模式，主要特征是通过市场配置资源，政府以强有力的计划和产业政策对资源配置进行导向，以达到短期和长期经济发展目标。政府对企业的管理体制基本上是政企合一，管理高度集权，企业的权限很小。企业的利润部分或全部上缴国库，企业的借贷和发债也需要上级政府部门批准。二是分权管理模式。以美国、瑞典等国为代表，对国有资产的管理采用高度分权的模式，特点是自由竞争，经济运行主要靠市场进行调节，企业作为经济运行的主体，在生产和经营上完全自由的，他们可以自由地加入和退出各种行业生产经营活动。三是集权与分权

---

① 李映波：《由"深沪"模式看中国未来国有资产管理体制的改革思路》，载《时代金融》2006 年第 5 期。

② 郑小玲：《我国现有国有资产管理模式的比较分析》，载《现代商贸工业》2008 年第 5 期。

相结合的管理模式。以法国、意大利、德国、英国等国家为代表，对国有资产管理采取集权与分权相结合的管理模式。一方面，企业享有充分的自主权，企业在市场中自由竞争；另一方面，政府也要通过适当手段对企业进行宏观调控。国有企业拥有独立的经营权利，自行制定企业中期发展目标和年度计划，企业日常生产经营活动通过市场进行调节。在某些国有企业容易产生垄断的部门，国家鼓励私人资本参与竞争。

新加坡淡马锡控股（私人）有限公司是新加坡财政部的全资国有控股公司，自1974年成立以来取得了骄人的成绩，淡马锡模式也因此成为全世界国有企业改革与国有资产经营管理的成功典范。淡马锡国有资产管理模式的成功经验被归结为以下五个方面：第一，国有资产公司化运作，通过国有控股公司行使出资人权利，政府不直接干预企业运作。国有控股公司的设立充当了政府部门和下属企业的隔离层的作用，从而划清了政府行为与企业行为的边界。第二，多层宝塔型的产权结构界定了其治理模式的是不同层次公司之间的逐层控制。母公司从总体上对子公司实施管控，但不干涉子公司的实际运作。第三，完善的人才选聘机制。公司注重人才的遴选和培养，鼓励淡连企业到海外网罗优秀人才加入其管理层，注重从民营企业和社会各界吸收人才，具有良好的双变性。第四，建立完善成熟的监督机制。董事会即要接受外部监督（包括监督直接派人参加董事会；通过财务报告和项目审批制度监督重大决策事项；不定期派人到公司了解情况；媒体舆论监督），又要对其自身经营实施内部监督（董事会内审理专门的审计委员会，独立、定期或不定期对公司及下属企业进行财务审计，并进行全方位的稽查）。

国外国有资产管理模式的经验对我国国有资产管理借鉴。第一，有明确的机构对国有资产行使出资人职能。很多国家在对国有资产管理时，都设有专门机构和具体的经营组织对国有资产行使选择经营者、财务控制和重大决策等权利，如意大利的参与部、日本的大藏省等。通过这些专门机构的工作，可以使国家在一定程度上解决国有资产所有者缺位的问题，发挥国有资产管理者的积极性和主动性。一些国家的国有资产出资人职能虽由不同的机构分散行使，但也有部门专门承担不同性质不同行业的国有资产出资人职能。如德国、美国等。第二，制定较完备法律法规体系，依法监管国有资产。许多国家的国有资产管理都以完备的法律体系为基础。依法设立国有企业，依法推进国企改革，依法监督国有资产和国有企业运营。第三，国有资产实施分级所有管理。绝大多数国家的国有资产在法律上属于中央和地方政府所有，各级政府之间有明确的财产划分。如美国、法国、德国、日本和澳大利亚等国都实行分级管理，上级政府对下级政府所有的资产没有支配权和收益权。第四，对国有资产实施分类管理，在强调国有资产收益性的基础上，将其国有资产按功能分成不同的类别，针对不同的类别采用不同的管理方式和绩效考核方法。如法国按照企业的竞争程度分为垄断性或竞争性国有企业两种类型，对两种类型的企业实施不同的管理制度。第五，建立起有效的国有资产监管方式。

1.3.1.3　关于国有企业产权改革和治理机制的研究

国企改革是国有资产管理的重中之重，也是困难最大、争议最多的改革。经过30多年来的努力，绝大部分的国有企业已经成为同社会主义市场经济相适应的市场竞争主体。伴随着国有企业改革的进程，围绕国有企业改革的热点问题，专家学者们也进行了深入的研究，取得了一些阶段性的成果和突破。

（1）关于国有企业的产权改革的研究。

国外学术界对国有企业如何改革有两大主流学派[①]：一个学派主张改变国有企业的产权设置，即产权学派，以科尔奈（Kornai，1992）为主的经济学家通过分析前社会主义经济体制，认为国有企业的低效率等毛病是天生的，根源在于官僚控制，施莱弗等（Shleifer et al.，1994）也将国有企业效率低下的原因归结于政府官员对企业决策的干预。另一个学派主张在国有企业产权设置不变的情况下改善管理机制，即管理学派，管理学派认为国有企业的低效率等毛病不是与生俱来的，是可以通过改善内部管理和外部环境而得到解决的，麦克米伦与诺顿（Mcmillan and Naughton，1994，1995）研究了下放企业自主权与引入利润分成机制如何提高。

我国关于企业产权的研究是伴随着所有制结构调整和国有企业改革的实践展开的。产权改革之前，我国产权制度一直沿用计划经济的模式，是传统计划体制下国有制企业产权，具有两权合一（国家级企业的所有权与经营管理权于一身）、无人格化代表、资产所有权较为固定等基本特征。[②]改革开放之后，我国经历了以扩权让利、利改税、承包经营为主要方式的经营权改革，以建立现代企业制度为目标的产权制度创新，党的十六大之

---

① 余汉抛：《国有企业产权多元化的边际分析》，中山大学，2007年。
② 王建梅：《改革开放30年我国国有企业产权制度改革评述》，载《经济研究参考》2008年第49期。

后又开始着力构建和完善国有产权的监管体制，对国有产权实施战略行的调整阶段。但由于计划经济体制下所有形成的复杂的产权关系，必然导致我国的国有企业产权制度改革将是一个长期的、系统的工程，改革的任务还远未完成。[①] 因此，围绕着产权改革的争鸣和探讨也在不断地深化。

　　国内学术界对国有企业是否应该进行产权改革也提出了不同的改革方法：周其仁（1996）认为国有企业改革的中心线索是承认个人产权的法权地位，变非市场合约组织为市场合约组织。张维迎（1995）、刘恒中（1995）等提出将国有资本"优先股权化"或者"债权化"。林毅夫（1997）等通过研究认为国有企业问题产生的真正原因在于缺乏充分竞争的外部环境，提出了国有企业改革的关键是改善外部竞争环境。而另一批学者如高鸿业（1991）、吴易风（1995）等人认为国有企业的改革主要应是提高管理水平，而不是改革产权。程恩富、黄允成（2003）认为企业的发展是个多因子函数，产权或管理只是其中的一个自变量而已，国有企业也不例外，主张应走综合改革的路子。

　　近年来，理论研究开始集中在通过实证分析，探讨国企进行产权改革后的绩效和效果以及各方面配套改革对国有企业产权改革的影响等方面。剧锦文（2004）通过对上市公司（1992～2001 年）的规模、股权结构等的实证分析，得出以下结论：在像中国这种由政府发动的从计划经济向市场经济转轨的国家中，采取集中的国家股权模式与政府的资本市场制度选择偏好直接相关。完全寄希望通过法律完善来改善公司股权集中状况并不适合像中国这样的转轨国家，而削减政府过大的选择潜力或改变政府的选择偏好才是问题的关键。[②] 刘小玄等（2005）通过对于 451 家样本企业（1994～1999）的调查数据的分析、抽象和概括，得到了企业改制的典型特征。根据企业股权结构的变动进行分析发现，国家资本股权的变化与企业效率水平是显著的负相关关系，而个人资本股权变化与企业效率水平是显著的正相关关系，法人股权的变化也具有较为显著的正相关性。所以，国退民进的改制方向与企业效率提高的方向是一致的。因此，产权变革取得了推动生产率提高的积极效果。[③] 白重恩等（2006）通过对 1998～2003年全部国有企业和规模以上非国有企业的数据进行分析研究我国国有企业

　　①　魏杰：《现代产权制度辨析》，首都经济贸易大学出版社 2003 年版，第 31 页。
　　②　剧锦文：《资本市场对国有企业产权改革影响的实证分析（上）》，载《杭州金融研修学院学报》2004 年第 11 期。
　　③　刘小玄、李利英：《企业产权变革的效率分析》，载《中国社会科学》2005 年第 2 期。

改制的效果，发现是改制后企业经济效益显著提高，并且主要来自于代理成本的降低，表现为管理费用率的下降；改制带来了一定的社会成本，但和国际经验相比程度不是很大；国有控股改制社会效益较好，而非国有控股改制经济效益较好；改制效果在一定期间内持续。[①] 王凤荣等（2006）对2004年有代表性行业的部分工业企业的绩效指标的统计，得出结论：一是竞争性也使得公司绩效具有明显的产权所有制差异，即总体上非国有工业企业的绩效由于国有工业企业，非国有上市公司的绩效显著优于国有上市公司；二是公司上市与否与公司绩效在总体上不存在相关关系。产权所有制性质是决定企业绩效的关键因素，这就更凸显了进一步加大国有企业产权改革的重要性。[②] 李楠等（2010）利用1999～2006年中国工业行业数据，对国有企业改革的绩效进行了评估，得出国有企业绩效虽仍有别于其他所有制类型的企业，但经济绩效自2003年前后发生明显好转，国有企业绩效已经与非国有经济较好的三资企业无差异。[③]

（2）关于国有企业公司治理问题研究。

国外大部分学者对公司治理问题的研究主要集中在公司治理的模式、公司股权结构、董事会效率、管理层的激励等方面。与国外研究相比，国内对于公司治理问题的研究相对较晚。从20世纪90年代初开始，我国经济学界开始从各个不同的角度对国有企业公司治理问题进行介绍和阐发，张维迎（1994）、吴敬琏（1994）、刘伟（1994）等首先提出要在国有企业改革中借鉴和吸收当代公司治理理论。自此，理论界开始对公司治理进行大量研究。

国内学者对于上市公司的研究集中在股权结构、董事会、激励约束机制等方面。何浚（1998）、周业安（1999）、孙永详（2000）、于东智（2002）分别对于我国上市公司的股权结构与公司治理绩效之间进行了研究。孙永详的实证研究表明，有相对控股的股东且有其他大股东的股权结构，公司治理机制发挥得最好，绩效也趋于最大。周业安和于东智的研究表明，我国上市公司股权结构存在许多不合理的地方，适度降低上市公司的股权集中度和转换大股东的身份对于提高公司绩效乃至市场体系的完善

---

① 白重恩、路江涌、陶志刚：《国有企业改制效果的实证研究》，载《经济研究》2006年第8期。

② 王凤荣、罗光扬：《产权所有制与公司绩效的实证研究》，载《山东大学学报》2006年5期。

③ 李楠、乔榛：《国有企业改制政策效果的实证分析——基于双重差分模型的估计》，载《数量经济技术经济研究》2010年第2期。

都具有重要的意义。

对国有企业"内部人控制"问题的研究。张维迎（1996）等认为，国有企业产权委托—代理链条过长，是导致国有资本所有者代表的监督激励不足，企业经营者缺乏约束，造成国有企业"内部人控制"的重要原因。因此，国有企业的主要问题是产权问题。[①] 林毅夫（1997）等认为，国有企业问题产生的根源在于缺乏充分竞争的外部环境。因此，建立公平竞争的市场环境无疑是控制"内部人控制"和建立有效的公司治理的客观要求。[②] 钱颖一（1995）等认为，应实行银行机构治理机制，有效地控制"内部人控制"问题。[③] 陈佳贵、黄群慧（1998）则认为，从长远制度设计考虑，建立有效的国有企业高层管理人员的激励约束机制，通过完善的市场竞争机制和荣誉效应的综合作用，对提高国有企业高层管理人员素质具有重要而现实的意义。[④]

近年来，国内关于国有企业公司治理的学术研究朝着两个方向发展：一是着眼于从整个国有经济制度设计的宏观层面上提出国有企业公司治理的理论框架和实践模式；二是立足于从公司治理机制分析的微观层面上，通过实证分析和案例研究，寻找国有企业的公司治理逻辑。

刘燮（2007）认为，国有企业公司治理的实质决定其完善和转型与加强国有企业领导班子建设密不可分。在中国，国有企业董事长很自然地被称为"一把手"，这个词本身多少显示出一种"霸气"和"恭维"。加上中国国有企业高层管理人员的任免制度，特别是免职制度，并不是特别的规范化、程序化，除非犯了很大错误或者到了规定退休年龄，他们可以通过各种方式影响上级部门使得自己能够长期留在高层管理岗位上，这必然使内部人控制的局面更加严重。[⑤]

陈清泰（2009）指出，将公司治理理论用在国有企业，可以解开长期困扰我们政府与企业和所有权与经营权关系的死结。公司治理的有效性关系到国有企业改革的成败。在公司治理被扭曲的实例中，大都与国有股东行为不端有关。上市公司的治理结构被扭曲，是"旧体制控制新体制"的

① 张维迎：《所有制、治理结构及委托—代理关系——兼评崔之元和周其仁的一些观点》，载《经济研究》1996 年第 9 期。
② 林毅夫等：《现代企业制度的内涵与国有企业改革方向》，载《经济研究》1997 年第 3 期。
③ 钱颖一：《企业的治理结构改革和融资结构改革》，载《经济研究》1995 年第 1 期。
④ 陈佳贵、黄群慧：《无形资产管理及其对我国企业改革与发展的意义》，载《管理世界》1998 年第 6 期。
⑤ 刘燮：《国有企业公司治理研究》，载《上海市经济管理干部学院学报》2007 年第 6 期。

改制模式存在缺陷导致的。克服这种制度性缺陷的一个途径是作为控股股东的大型国有企业整体改制，或减少一层委托—代理关系，由国资委或国家投资控股公司直接作为大型上市公司的国有股东。只有股东有正常的股东行为，并成为推进有效治理公司的积极力量，公司的持续发展才有保障。①

毛剑锋等（2010）认为，国有企业公司治理结构的目标为两个层次：终极目标和具体目标。终极目标就是提升公司的价值，为包括投资者在内的利益相关者创造财富。具体目标可能是：国有企业内部各部门权力制衡、利益平衡；降低国有企业的交易成本和代理成本，提高运作效率；提高国有企业的盈利能力等。②

吴凡等（2010）认为，国有企业内部治理结构得以顺利运作的关键在于企业内部权力制衡机制的建设与完善。健全董事会制度，优化董事会的决策程序，保持董事会的独立性，建立起一种责权利相互制衡的机制势在必行。③

高明华等（2006）以北京市国资委监管企业为例，对其治理结构进行了实证分析，指出不同类型的国有企业在治理机制上不存在显著差异，改制国有企业还没有建立起完善的治理机制，需要进一步发展和完善，并由此提出实现从行政型治理向经济型治理的根本转变、构建双层监管的治理体系、健全和完善董事会、加大信息披露力度等政策建议。④ 何家成（2007）以案例分析的形式，阐述了公司治理研究的对象和方法，探讨了国有企业与公司治理的关系及公司治理实践中股份制改革、董事会建设、独立董事及党委会设置等热点和难点问题。⑤

1.3.2　关于兵团国有资产管理相关研究

1954 年，新疆生产建设兵团正式成立。兵团 56 年来的发展历程中，这支不穿军装、不拿军饷、永不换防、永不转业的特殊部队以其超大型的社会组织，为西部边疆的繁荣和稳定，创造了一个又一个奇迹。但是囿于

① 陈清泰：《国有企业改革与公司治理》，载《南开管理评论》2009 年第 5 期。
② 毛剑锋等：《国有企业公司治理结构问题及其对策》，载《会计评论》2010 年第 4 期。
③ 吴凡、卢阳春：《我国国有企业公司治理存在的主要问题与对策》，载《经济体制改革》2010 年第 5 期。
④ 高明华、王延明：《国有资产监管企业治理结构的实证分析》，载《统计研究》2006 年第 10 期。
⑤ 何家成：《国有企业与公司治理》，载《公共管理高层论坛》2007 年第 1 期。

兵团性质的特殊性，国内外理论界关于兵团的研究成果数量并不多，就现有文献来看，研究成果呈现出以下四个特点：

一是研究成果多集中在政治、文化、历史方面，主要以兵团的体制、屯垦、精神的研究为主题。研究成果从新疆生产建设兵团的前身、成立、发展、挫折、壮大等几个阶段的政治、经济和社会发展等方面进行归纳和总结，展示了兵团 56 年来取得的辉煌成就。以新疆屯垦为主题，从历史学和考古学的角度，探讨历代屯垦的思想、特点和政府对屯垦的管理等问题。突出兵团维稳成边，促进民族团结作用的研究。这方面的代表作有：郭刚的《论新疆生产建设兵团的历史地位和作用》、① 马大正的《国家利益高于一切——新疆稳定问题的观察与思考》（新疆人民出版社 2004 年版）、张振华的《兵团如何更好地发挥屯垦成边的作用》、② 张振华的《试论新疆兵团屯垦成边的三大作用》、③ 王小平的《新疆兵团 55 年屯垦成边的作用》、④ 厉声等著《中国新疆历史与现状》（新疆人民出版社 2009 年版）、公衍才的《论新时期新疆生产建设兵团的三大作用》、⑤ 周晓兵的《论兵团在维护新疆社会稳定中发挥的作用》⑥ 等。

二是与中文文献相比，关于兵团研究的外文文献更为缺乏。相对很多国人对于新疆兵团的一知半解，国外研究者更多地把新疆和兵团看成中国西部的一个区域，研究的重点多放新疆的历史（如丝绸之路）、对中国政府的新疆政策的解读、民族关系、能源开发和利用以及其在中亚稳定中的作用等方面。在资料收集的过程中，作者没有见到与兵团国有资产管理研究有关的外文资料。

三是研究者多为疆内有大专院校和科研单位的专家学者，还包括了很多兵团基层部门的管理者和企业经营者等，他们对兵团的研究能够集中反映各个不同时期兵团发展和建设的主要问题，有较好的针对性。

四是兵团经济的研究尚待丰富和发展。历史的原因决定了兵团研究具有较强的政治属性，研究成果很多的切入角度都是在讴歌兵团人的辉煌业绩，但对市场化进程中兵团经济发展所面临的困境极其解决对策做深入思

①　郭刚：《论新疆生产建设兵团的历史地位和作用》，载《石河子大学学报》（哲学社会科学版）2002 年第 2 期。
②　张振华：《兵团如何更好地发挥屯垦成边的作用》，载《兵团建设》2007 年第 3 期。
③　张振华：《试论新疆兵团屯垦成边的三大作用》，载《黑龙江史志》2008 年第 7 期。
④　王小平：《新疆兵团 55 年屯垦成边的作用》，载《兵团党校学报》2009 年第 4 期。
⑤　公衍才：《论新时期新疆生产建设兵团的三大作用》，载《福建党史月刊》2010 年第 12 期。
⑥　周晓兵：《论兵团在维护新疆社会稳定中发挥的作用》，载《福建党史月刊》2010 年第 8 期。

考的研究较少，且现有研究不利于从总体上认识和把握兵团国有资产管理特点和规律性，对于存在问题的对策研究尚缺乏前瞻性。

与经济发展阶段密切相关，与兵团国有资产管理相关的研究成果主要集中在两个时期：

第一个时期20世纪80年代末期至90年代末。这一阶段，兵团进入了改革开放的新时期，经历了恢复建制、经济体制改革、企业改制、建立现代企业制度等一系列大的变革。兵团经济研究也迎来了第一个繁荣时期。

从宏观层面上，研究者在回顾兵团经济体制改革的历程、对兵团经济体制存在的问题进行思考的基础上，提出了改革的侧重点、基本思路。吴振亚（1993）认为，这时期，兵团仿效地方出台了一系列放开搞活的政策，但兵团原经济体制就如一个缓冲器和消力池，效果不甚理想。[1] 何保庆等（1994）指出了市场经济条件下兵团体制的缺陷：兵团是政府承担政府的职能却不具备政府应享有的权力，是企业却又要办不属企业应办的事业，不符合市场经济对体制的要求。在管理体制上存在着，仍然没有由计划行政手段为主转向以经济手段和法律手段为主的间接管理和由直接涉足微观活动转到诱导、影响的"软"而有效的管理问题。在思想上、观念上以及企业的运行机制上计划管理的隐迹时有表现。因此，要彻底改变兵团企业办社会的局面，政企职能分开，改以前对下属的企业以行政计划方式为主的直接管理为以经济、法律方式为主的间接管理，把企业推向市场。[2]凤芹（1998）认为，应该从兵团经济体制改革入手，以组建企业集团为契机，以建立现代企业制度为目标，全面推进兵团体制改革。[3] 强始学（1994）提出了兵团经济体制的目标模式的基本框架应：宏观是核心层，微观是公司制的企业，有机整体是以投资公司为核心，微观和宏观是以财产关系为纽带的股份制为主的多种联结方式的企业集团。[4] 潘仁源等（1996）提出了深化兵团经济体制改革的主要措施：（1）积极创造条件，加快建立现代企业制度。（2）进一步深化农牧团场改革，稳定、完善以家

① 吴振亚：《股份制——加速兵团经济体制改革的选择》，载《新疆社科论坛》1993年第2期。
② 何保庆、汪爱琴：《浅议市场经济与兵团体制改革》，载《新疆农垦经济》1994年第2期。
③ 凤芹：《20年来兵团体制改革存在的问题及其创新的思考》，载《经济体制改革》1998年第S2期。
④ 强始学：《对兵团深化经济体制改革的若干思考》，载《兵团党校学报》1994年第Z1期。

庭联产承包为主的责任制和统分结合的双层经营体制，深化农牧团场产权制度改革，积极探索多种形式的国有资产经营方式，在坚持国有经济为主体的前提下，大力发展集体、个体、私营及"三资"企业等非国有经济。(3) 加快工交建商企业的改革，积极进行股份制改革工作，实行大企业、大集团战略。(4) 扩大对外开放，实施市场多元化战略，充分利用国内和国际两种资源、两个市场，大力发展对外经济贸易。(5) 加快社会保障制度改革等。①

从微观层面上，研究者将研究重点放在了作为兵团改革的重头戏的农牧团场，就如何对"纯而又纯的国有制"的农牧团场进行市场化的改革进行了探讨，并提出有益的建议和对策。张文岳 (1994) 指出，兵团的团场、连队又不同于一般的国有企业，它毕竟主要搞农业，以农业为基础。所以现在对一般工业企业的改革措施，也很难照搬到团场来。团场的改革，不能简单照搬农村通用的统分结合的家庭联产承包责任制，照搬的结果，就会把兵团大农业搞分散、搞垮，本来好的基础就会丢掉，本来具备的优势就会丧失。② 金勇刚 (1995) 总结了兵团农牧团场经济体制改革取得的显著成效：以土地为核心的各种承包、经营责任制不断发展。乡镇企业异军突起。股份合作制初露端倪，实现了"五个转变"，在产权关系上，从单一、虚化向多样化、具体化股份合作制转变；在管理体制上，由政企不分，团场直接管理企业，向全体股东管理企业转变；在用人制度上，由上级任命制，向股东选举制和董事会聘任制转变；在利益分配上，由单一的按劳分配向按劳分配与按资分配转变；在职工与企业的关系上，职工由单一的劳动者，向既是劳动者，又是所有者转变。③ 杨青如 (1996) 认为团场改革应该在产权制度、组织管理制度、转换机制和科学管理四个方面有所突破。④ 胡兆章 (1999) 认为，农牧团场要建立家庭承包经营为基础＋社会化服务体系的经济体制，积极推进农牧团场的政治体制改革，努力加快农业产业化等。⑤

---

① 潘仁源、王川：《"九五"新疆兵团经济体制改革基本设想》，载《中国农垦经济》1996年第2期。
② 张文岳：《关于新疆及兵团经济发展与体制改革的若干思考》，载《新疆农垦经济》1998年第4期。
③ 全勇刚：《兵团农收团场经济体制改革发展概述》，载《兵团党校论坛》1995年第5期。
④ 杨青如：《以建立现代企业制度为契机以实现农牧团场"两个根本性转变"》，载《中国农垦》1996年第7期。
⑤ 胡兆章：《关于加速兵团农业和农牧团场跨世纪改革和发展的思考》，载《兵团建设》1999年第4期。

　　这一期，对兵团国有资产的管理体制改革、国有企业的股份制改革、改组改造、建立现代企业制度、企业经营管理及综合配套改革等方面的理论研究成果日益增多并深化，为兵团的国有企业改革和国有资产管理工作提供了一定的借鉴。邱萍（1993）总结了兵团国有企业存在的问题，并指出，兵团的体制是影响兵团工业发展的重要原因，同时还存在着企业内部的运行机制和结构不尽合理、改革不规范，以及负担沉重、投资匮乏、后劲不足等问题。[①] 车文渝（1997）认为，造成兵团国有资产管理面临困难的主要原因是受旧体制的影响和约束较深，思想解放的程度和改革的力度与内地和沿海地区相比都有很大差距。特别是长期实行军事化和政府化管理在计划经济向市场经济转轨的过程中，许多问题和矛盾暴露出来。要再造兵团辉煌，根本出路在于深化改革，而产权制度改革是改革的核心，全面推行强化国有资产管理势在必行。要尽快建立健全兵师两级国有资产管理机构，加强对国有资产的管理；在进行股份制改造过程中，要严防国有资产流失。要向大中企业派驻国有资产管理人员或委托监事会代表国家管理国有资产，确保国有资产保值和增值。[②] 郭尚功（1998）提出了兵团国有资产重组的基本思路：兵团国有资产应主动从一批中小企业中部分或全部退出来；要加大投资力度把兵团大农业作为国资重组、扶持"做大"的重点、兵团国资重组资本流入的第二大产业应该依托大农业的加工；重组应采取市场经济方式为主与行政手段相结合同时并用的方式。[③] 刘蓬川等（1998）认为，兵团国有企业要在激烈的市场竞争中摆脱这种特殊体制的影响，就必须明确界定国家、企业、劳动者个人之间的关系，建立起符合现代企业制度特征要求的三者利益的制衡机制，通过不同利益主体之间的制衡作用，促进国家、企业、劳动者个人三者利益同步增长。建立国有资产监管机制，确保国有资产保值增值；明确企业主要经营者地位，建立企业家队伍形成机制；界定企业劳动者身份，建立合理的企业用工机制。[④] 潘新刚（1998）提出资本经营首要的问题是建立国有资本所有者代表机构和出资人制度。探索兵团国有经济的实现形式，一定要结合资本经营，从不同层次、多方面创造国有资本的实现形式，如结合兵团政资分离的改

---

　　① 邱萍：《搞活新疆兵团国有工业企业迫在眉睫》，载《中国农垦经济》1993年第4期。
　　② 车文渝：《以产权制度改革为核心，全面推进国有资产管理》，载《新疆农垦经济》1995年第1期。
　　③ 郭尚宫：《关于新疆兵团国有资产重组的思考》，载《新疆农垦经济》1998年第6期。
　　④ 刘蓬川、张玉茹：《兵团国有企业建立利益制衡机制之我见》，载《新疆农垦经济》1998年第5期。

革，建立国有资本代表机构；结合所有制结构的调整，大力发展非国有制经济；结合企业结构调整。收缩国有经济分布战线，做好"抓大放小"；结合产业结构调整，使资本向重点企业、支柱行业、龙头产业流动；结合投融资体制改革，培育市场体系，构建多元投资主体，开拓直接融资渠道；结合生产经营开展，没有完全离开生产经营的资本经营。要加强企业管理，培育高素质的企业管理队伍。减员增效，尽快建立社会保障制度。[①]

第二时期是西部大开发战略实施至今。进入 21 世纪，特别是国家实施西部大开发战略后，兵团经济发展速度明显加快。经济实践的快速发展激发了研究人员的思想，研究成果亦呈现出繁荣趋势。这一时期，围绕兵团经济升级转型、问题，就区域经济协调发展、可持续发展、产业结构调整、新型工业化、城镇化、农业产业化等出现了一批多视角、多方面的基于区域经济学、制度经济学、产业经济学、发展经济学等现代经济理论方法现代经济学理论研究成果，很多成果在研究方法上多采用了比较规范的经济学分析方法和分析工具，不仅进行定性的描述性分析，而且还多采用了必要的定量分析方法，运用了统计学、博弈论等数量分析工具，既有较强的实际意义，又具备了较高的学术价值。

这一时期，研究者开始对前一阶段的国有企业改革和国有资产管理工作的经验和不足进行总结和反思，提出了更具针对性的对策和建议。刘以雷（2001）深刻地指出，兵团现代企业制度之所以难以建立的根本原因是政府机构改革和职能转变的滞后造成的，单纯让国有企业自己去建立现代企业制度是不现实的，因为国有企业的资产不是自己的，企业自己无权决定。没有现代政府制度，就不可能有现代的企业制度。[②] 研究者对国有企业改革和国有资产管理中存在问题的研究，可以被归结为以下几点：（1）政企不分；（2）管理体制不顺；（3）企业所有者缺位；（4）国有资产管理机制弱化；（5）管人和管资产相脱离；（6）行使国有资产的出资人缺位；（7）改制企业的公司治理结构存在诸多缺陷；（8）企业进行剥离办社会职能困难；（9）产权改革不到位等。

在对策方面，余天戈（2000）认为，国企应实现投资主体、产权主体、股权主体的多元化，从而在企业内部实现权力制衡。这样才能防止产

① 潘新刚：《对兵团国有资本经营制度创新的几点认识》，载《新疆农垦经济》1998 年第 4 期。

② 刘以雷：《兵团国有企业改革现状分析及对策》，《刘以雷文集》（第一卷），新疆人民出版社 2006 年版。

权或股权集中在某一机构或某一人手中，遏制"内部人控制"，防止政府行政权和所有权对企业经营权的过度干扰。① 田军（2000）认为，要建立行政监管（国有资产管理委员会）——资本营运机构（国有资产经营公司或控股公司）——具体生产经营企业三层次的国有资产管理、监督和运营体系；建立出资人制度；把管资产和管人结合起来，建立产权代表制度，行驶所有者职能，建立对经营者的选拔、激励和约束机制。② 成静（2003）认为，要建立和推行国有资产经营预算体系，保证国有资产发展战略的实施；兵团国资委向全资或控股的各个产业总部委派财务总监，保证其按国资委的意图行事；建立与预算体系相匹配的企业绩效考评体系；提高国资委的工作质量和效率，同时建立责任追究制度，建立专家或特殊人才聘用制度，以弥补短期内战略规划和高新技术人才的紧缺。③ 赵志华（2009）认为，要运用公司治理中的制衡原理，合理地设置内审部门，构建国资监管的权力制衡机制。④

随着股份制改革的深入，上市公司的问题开始进入研究者的视野。武宪章（2004）认为，兵团企业上市有利于解决政企分开，更好地实现兵团多元目标和任务；有利于推进国企改革，建立现代企业制度及公有制实现形式多元化。袁玲等（2006）通过对兵团控股的 11 家上市公司分析，得出兵团上市公司的整体营运能力不强，并且呈逐年下降趋势的结论。同时，提出增强兵团上市公司营运能力，要以上市公司为主体，进行资源大整合，尽量避免经营领域的趋同性，加强市场营销对企业收入目标的影响。⑤ 周国胜等（2007）对兵团上市公司发展进行了 SWOT 分析，总结了兵团上市公司的发展主要特点：（1）整体资产状况及经营业绩好于兵团其他企业类别，但部分上市公司投资回报率不高；（2）兵团各上市公司股本结构逐渐优化，投资主体多元化趋势明显；（3）盈利水平总体呈现先升后降，个体出现有升有降的趋势。李萍（2008）提出要从改善兵团上市公司外部投融资环境；减持国有股，实现兵团上市公司股权分散化；完善公司内部制度，将企业制度创新与管理创新相结合等方面优化上市公司资本结

① 余天戈：《论兵团国企改革》，载《兵团党校学报》2000 年第 1 期。
② 田军：《兵团国有资产管理体制亟待创新》，载《兵团建设》2000 年第 11 期。
③ 成静：《对兵团国有资产监管机制的探讨》，载《新疆农垦经济》2003 年第 3 期。
④ 赵志华：《公司治理视角下的内部审计与兵团国有资产监管》，载《中国经贸导刊》2009 第 24 期。
⑤ 袁玲、陈家峰、王秋金：《兵团上市公司营运能力分析》，载《新疆农垦经济》2006 年第 4 期。

构。刘昌龙（2009）通过分析兵团上市公司的成长性，提出要加快产品研发，增强上市公司竞争力；推动优质企业改制上市，提高兵团上市公司的整体素质；加强对上市公司的监督管理，提高上市公司绩效等措施。[①]

伴随着兵团经济改革和社会发展的进程，兵团党委将工作重心转向推进农业现代化、新型工业化、城镇化的进程。因此，这一时期，围绕着"三化"建设与兵团经济发展的问题，广大学者和兵团人进行了有益的理论探索：

农业产业化方面。王晓娟（2004）认为，兵团农业产业化存在着农产品流通体制改革滞后、投资力度不大、产业政策与其他诸政策之间相互脱节的问题。[②] 强始学（2005）指出了兵团实现农业现代化面临的主要难点是农业科技创新水平偏低，使推动农业现代化最重要的力量没有得到应有的发挥；龙头企业数量少，产业链短，后续农产品加工工业落后，产业关联效应弱，影响了农业产业高度化的加速提高；工业化和城镇化水平较低的状况没有根本转变，影响了产业积聚效应和波及效应的产生与发挥，导致兵团农业现代化进程迟缓。[③] 刘云芬（2007）认为，农业产业化发展资金扶持力度不够、专业化生产和社会化服务滞后也是兵团农业产业化发展滞后的重要原因。[④] 研究者对推进兵团农业产业化的发展的相关对策，主要可以被归结为以下几个方面：（1）扶植发展龙头企业，这是农业产业化的关键。（2）因地制宜制定各个垦区的农业产业化发展模式。[⑤]（3）加强市场主体培育，为农业产业化经营创造良好的外部环境和经营机制，健全农、企利益联结机制，促进农、企形成相对稳定的供销关系。[⑥]（4）推进农业结构的战略性调整。（5）利用资本市场促进兵团农业产业化发展。（6）建立健全社会化服务体系，保障农业产业化经营的顺利开展。

兵团新型工业化方面。学者们通过对比分析认为兵团经济发展水平呈工业化初期向工业化中期过渡的明显特征，工业化发展存在着产业结构比例不尽合理；规模经济水平不高，生产集中度较低，远未形成规模效益；

① 刘昌龙：《兵团上市公司成长性分析》，载《新疆农垦经济》2009 年第 9 期。
② 王晓娟：《兵团农业产业化经营刍议》，载《中国农垦经济》2004 年第 8 期。
③ 强始学、王晓娟：《兵团农业现代化的难点与对策》，载《新疆农垦经济》2005 年第 1 期。
④ 刘云芬：《对兵团农业产业化发展有关问题的探讨》，载《农村经济与科技》2007 年第 1 期。
⑤ 王宏君、周智：《兵团农业产业化经营的制度创新问题探析》，载《石河子大学学报》（哲学社会科学版）2002 年第 1 期。
⑥ 何元超、胡洁：《兵团农业产业化经营的新思路》，载《兵团建设》2007 年第 3 期。

工业经济中传统产业比重偏大，技术水平较低；产业链条短等问题。王普明（2009）认为，要从拓宽融资渠道、加大投资力度；实施"大企业、大集团"战略，通过并购重组促进生产要素的适度集中；着力培育特色优势产业等方面推进兵团新型工业化的进程。① 殷小波（2009）认为，兵团发展新型工业化，要搭建平台，解决工业布局分散的问题；把优势资源转换成核心竞争优势；搞活存量，在大力发展工业的过程中，要坚持"不控股、不独资、不单干、不怕别人挣大钱"的原则，发展混合所有制经济。② 刘玉雅等（2010）从制度创新的角度，指出兵团应在吸取传统工业化模式教训的基础上，把信息化、生态化以及人力资本等要素贯穿到工业化进程中，实现经济可持续和跨越式双重发展目标，为经济社会的全面发展奠定良好的基础。③ 刘云芬（2010）通过实证分析提出加快兵团新型工业化发展，要优化产业结构，重构兵团工业新体系产业结构，实施优势资源转换战略。④

城镇化方面。学者们主要是从兵团的特殊性出发，对兵团城镇或城市的特殊性进行了研究，指出新疆兵团垦区小城镇建设是随着农垦事业的创建和发展而兴起的，农牧团场小城镇具有"屯垦"与"戍边"相结合的特征。⑤ 对于兵团城镇化发展模式问题，张凤艳等（2007）认为，兵团城镇化发展，既符合一般地方城镇化发展的基本规律，也具有鲜明的兵团特色。⑥ 杨建平（2004）、杜宏茹（2004）等认为兵地共建是兵团城镇化发展的唯一选择，兵团城镇化发展模式要体现兵地融合的思想。⑦ 李芃等（2008）、熊吉峰（2008）、刘林等（2009）、龚新蜀等（2010）运用定量分析方法，对城镇化发展动力机制问题进行了实证分析，得出了第一产业、第二产业和第三产业分别是城镇化发展的原始动力、核心动力和后续动力的结论。王海云（2010）提出了兵团城镇化发展的基本思路，即在新

---

① 王普明：《新时期加快推进兵团新型工业化进程的思考》，载《新疆农垦经济》2009年第8期。

② 殷小波：《新疆兵团发展新型工业化的思路与对策》，载《甘肃农业》2009年第9期。

③ 刘玉雅、柴富成：《新疆兵团新型工业化进程中的制度创新》，载《科技和产业》2010年第11期。

④ 刘云芬：《新疆兵团新型工业化发展实证分析研究》，载《中国经贸导刊》2010年第17期。

⑤ 倪超军、李豫新、赵雪冉：《兵团城镇化发展的动力机制研究》，载《新疆农垦经济》2010年第9期。

⑥ 张凤艳、高岗仓：《新疆生产建设兵团城镇化发展道路研究》，新疆人民出版社2006年版。

⑦ 杨建平：《兵团共建——兵团城镇化发展之路》，载《中国农垦经济》2004年第5期。

疆城镇体系总体规划框架下，努力构建以"兵团城市、兵地共建城区、垦区中心城镇（拟建市）、一般团场城镇、中心连队居住区为发展节点，与地方城镇功能互补"的具有兵团特色的城镇体系。①

　　总体而言，这一时期研究成果的广度和深度比前一时期更为广泛和深入，为本研究提供了可资借鉴的理论基础和现实参考，但成果的形式的多以论文为主，对兵团的国有资产管理仍缺乏系统性，因此，系统分析研究兵团国有资产管理，切合新疆大开发，兵团跨越式发展背景下现实状态，并对其发展趋势提出对策，是具有较大的现实意义的。另外，鉴于实践跨越式的发展进程，现有的一些研究成果的不少内容需要结合新的发展形势进行修正和深入，对兵团国有资产管理的研究仍有较大的拓展空间。

1.4　本书的研究内容和研究方法

1.4.1　研究内容及框架

1.4.1.1　研究内容

　　本书的核心内容有三个方面：首先，从理论和实证两个方面对兵团国有资产管理效率进行了分析论证；其次，通过梳理兵团在不同时期对国有资产管理的脉络，从当前国有经济布局、产权改革和治理机制角度出发，立足兵团国有经济的实际情况，分析了兵团国有资产管理所遇到的实际问题；最后，在总结兵团国有资产管理所面临问题的基础上，提出了在新疆、兵团跨越式发展的大背景下，推进兵团国有资产管理、运营和监管的建议对策。

　　为了使研究更加严谨，本书的研究内容一共分为四部分，具体如下：

　　第一部分，本书第1、第2章。第1章是导论，首先阐述了选题背景及研究意义，界定研究范围、厘清相关概念，梳理了国内外以及兵团相关文献，介绍了本书的研究内容及其框架、研究方法，阐明了本书的主要创

---

　　①　王海云：《加快城镇化建设实现兵团跨越式发展》，载《兵团党校学报》2010年第6期。

新和可能存在的不足。第2章是国有资产管理的理论依据，介绍了与国有资产管理相关的制度变迁理论、产权理论等，以此作为本书的理论分析框架。

第二部分，本书第3章。这一部分，是本书展开核心部分论述的基础和前提。在研究兵团国有资产管理问题的时候，兵团体制的特殊性是必须要关注的因素。在这一章中，首先考察了兵团体制的特殊性，指出特殊的管理体制决定了兵团国有资产管理体制变迁的历程。其次，对兵团国有资产的形成和变动进行了回顾。兵团国有资产形成于兵团国有经济的产生和发展进程中，对兵团国有资产的形成和变动的回顾，是探索兵团国有资产管理体制的基础。再其次，对兵团国有资产管理体制的变迁历程进行了系统梳理。对各个不同时期，兵团对国有资产管理的重点、难点、经验及缺陷进行了归纳和总结，为进一步对兵团国有资产管理效率进行分析论证捋清了脉络。

第三部分，本书第4~6章。围绕着兵团国有资产管理的管理效率、存在的问题及成因和如何完善兵团国有资产管理进行了深入的分析。第4章，对兵团国有资产管理的效率从理论和实证两个方面进行了分析论证，并得出了四个结论。第5章，主要对兵团国有资产管理存在的问题及成因进行了总结和分析。指出，由于兵团国有经济存在着地域上的分散性、国有企业产权制度改革的不到位以及国有企业在法人治理结构方面的不规范等方面的问题，阻碍和制约了兵团国有经济的发展。第6章，主要提出了新形势下和新的历史时期，完善国有资产管理的对策和建议。这也是本研究的创新之一。本研究从继续推进兵团国有资产管理体制变革适度推进兵团国有企业集群发展、优化兵团国有企业内部治理结构、确立兵团法制地位以及其他配套措施的改革几个主要方面，进行了思考和探讨，希望对兵团国有资产管理工作有所裨益。

第四部分，本书第7章。该部分首先对全文进行概括，得出本书的研究结论，在此基础上提出后续研究展望。

1.4.1.2 研究框架

综合研究有关文献提出本书的基本框架，如图1-4所示。

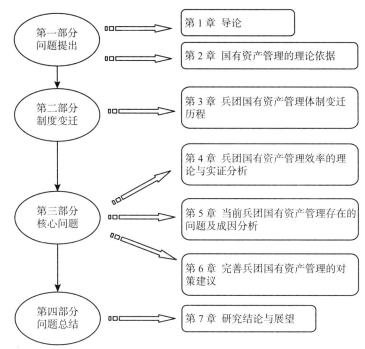

图1-4 本书研究框架

1.4.2 主要研究方法

本研究坚持以马克思主义政治经济学的基本原理为指导，充分吸收和借鉴西方经济学、新制度经济学等学科的研究成果，从理论和实践两方面分析、研究了兵团国有资产管理的发展状况、存在的问题以及新形势下加快兵团国有资产管理的对策建议。

第一，文献研究与实地调查相结合。根据研究内容的需要，搜集、查阅和运用了大量的相关文献，主要包括：与国有资产管理有关的文件、法律法规等；我国近年来关于国有资产管理方面（包括对兵团国有资产管理问题）的相关研究成果等。通过这些资料的学习和消化，从基本理论、学术观点等方面，为研究工作的开展奠定基础。同时，为了了解新疆生产建设兵团国有资产管理的实际情况，对本论题有一个感性的认识，笔者曾经5次到兵团的辖区对团场、国有企业进行实地调研。

第二，规范研究与实证分析相结合。在进行规范研究的同时注意引入实证分析，还将结合定性分析与定量分析方法。

第三，在研究中综合运用经济学、管理学、法学和社会学等多学科的相关知识，丰富了本书的研究方法。

1.5　本书的创新点与不足之处

1.5.1　本书的创新点

应该说这个选题是有挑战性的。尽管从大学开始，就一直关注西部地区的发展问题，对国有资产管理部分问题进行过专门的调研，也与自治区和兵团的许多专家、学者和官员就一些问题深入地交流和探讨，然而限于兵团体制的特殊性，也限于信息和可获得的资料的缺乏，对于新疆生产建设兵团兵团国有企业、国有资产管理方面的研究的成果并不多，但是出于对自己博士学习期间研究能力做一个严格的考察的目的，也出于以自己的研究来丰富和充实该领域研究成果的想法，更是出于用自己的研究成果来服务社会的考虑，还是决定对这个选题进行有益的尝试和探索。本研究在前人研究的基础上，以经济学的理论对兵团国有资产管理进行系统化的研究，力图在以下几个方面有所创新：

第一，关于兵团国有资产方面的研究，从目前文献来看是非常欠缺的，以系统地展开对兵团国有资产管理研究与分析，本研究尚属首次。在吸收和借鉴现有文献资料的基础上，本研究沿着"兵团国有资产管理中存在的问题——挖掘问题根源——完善兵团国有资产管理的路径"的逻辑主线，采取规范与实证研究相结合、定性和定量研究相结合的研究方法，对兵团的国有资产管理进行系统而全面的阐释。

第二，本研究廓清了兵团国有企业发展和国有资产形成的脉络。由于兵团体制的特殊性，其国有资产形成的过程与我国其他地区的不同，本研究依据历史史料，挖掘、整理和界定了兵团特殊体制下国有资产形成和变动的主要阶段，这是本研究的一个创新。

第三，本研究强调了兵团国有资产管理工作必须立足于兵团实际。看待兵团的国有资产管理要从兵团的历史使命出发，从国家政治稳定和国家安全的大局出发，而不是单纯的经济标准。在坚持兵团历史使命的前提下，要解放思想、与时俱进，正确处理兵团特殊性和市场经济相结合的关系。鉴于兵团国有农业企业的特殊性，本研究特别强调了对兵团国有农业企业要进行分类管理。

第四，本研究对兵团国有资产管理效率进行了实证描述。通过定量分析兵团国有资产管理体制的变迁过程，证明了国有资产管理体制变动与效率正相关，历次国有资产管理体制的变动都在不同程度上促进了兵团国有企业的发展，特别是兵团进行市场经济体制改革后，兵团经济和社会快速发展，人民生活水平大幅度提高。

第五，本研究提出兵团国有资产管理具有动态性。由于国有企业改革的内外部环境的不断变化，兵团国有资产管理也应该随着改革实践的深入而不断调整和完善。本研究结合中央新疆工作座谈会精神，提出了在新形势下完善兵团国有资产管理切实可行、有针对性的政策建议，这也是本书的一个重要创新。

1.5.2 本书的不足之处

第一，兵团有着其他地区无法比拟的特殊性，这使得本研究非常有意义和引人入胜，但是也正是这种特殊性的存在，又使得研究工作开展得非常艰难。在研究中，很多文献资料尚处在未解密状态，相关研究成果也寥若晨星，在一定程度上影响了研究成果的深度和广度。

第二，由于基本概念及统计口径的不统一，本研究在进行实证分析时，所收集的数据可能会有偏颇之处并进而对分析结果造成一定的影响。

第2章

国有资产管理的理论依据

国有资产的存在是一个世界性的现象。不仅存在于社会主义国家，在资本主义国家也广泛的存在。在西方国家，国有资产是作为国家为实现社会目标，纠正市场失灵，干预经济生活的一种特殊的宏观经济政策工具，而不是盈利的工具，其国有资产主要集中在：关系到国家安全的领域；出于政府管制的某种需要而必须控制的关键领域；私人资本无力进入或不愿进入的社会公共产品领域；风险较大的高科技领域等。对于中国而言，国有资产的重要性远非如此。中国实行的社会主义市场经济是以公有制为主体，多种所有制经济共同发展。这就决定了，国有资产在国家中的重要地位。"国有经济控制国民经济命脉，对于发挥社会主义制度的优越性，增强我国的经济实力、国防实力和民族凝聚力，具有关键性作用。"[①]

鉴于国有资产的重要作用，国内外的理论界对这一经济现象进行了广泛而深入的探讨和研究。目前，世界上多数国家国有资产管理的理论基础是制度变迁理论、产权理论、委托—代理理论、交易费用理论、公共产品理论等。借助这些理论，本书构建了兵团国有资产管理问题的分析框架。

2.1 制度变迁理论

制度变迁理论对于现代经济制度的研究具有重要的作用。其主要内容是探讨制度的起源、内容和功能，影响制度变迁的主要原因，制度变迁的动力、方式、过程和类型，以及制度变迁的路径依赖等，旨在说明制度因素在经济发展中的作用。兵团国有资产管理体制是兵团国有资产管理的前

---

① 摘自江泽民在中国共产党第十六次全国代表大会上的报告《全面建设小康社会，开创中国特色社会主义事业新局面》。

导性制度因素，而要明确兵团国有资产管理体制变迁的动因及变迁的过程和方式，就必须以制度变迁的动因理论、制度变迁过程与方式理论为指导。

2.1.1 马克思主义的制度变迁理论

在运用辩证唯物主义和历史唯物主义深刻地揭示了资本主义基本矛盾及其发展趋势的同时，马克思在对所有制研究的基础上建立了自己的制度变迁理论。其制度变迁理论主要包括：所有制与所有权理论、社会发展更替的规律、国家与意识形态理论等。正如诺斯所指出的："在详细描述长期变迁的各种理论中，马克思的分析框架是最有说服力的。"[①]

2.1.1.1 生产实践是制度产生的基础

马克思认为："生产以及随生产而来的产品交换是一切社会制度的基础。"[②] 在分析了部落所有制、古典古代的公社所有制和国家所有制以及封建的或等级的所有制的基础上，马克思指出，一定的物质生产阶段决定着一定形式的制度的产生，但是物质生产并不直接作用于制度形式，而是通过分工这一中间环节实现的。分工发展的各个不同阶段，就是所有制的各种不同形式，并且分工的每一个阶段还根据个人与劳动的材料、工具和产品的关系决定他们相互之间的关系。[③]

2.1.1.2 制度变迁首先是社会形态的更替

在马克思看来，既然生产是历史的基本前提，人类社会制度和意识形态的变迁，主要应由生产力的发展和生产方式的变迁来解释。[④] 在马克思的理论体系中，社会制度的本质或基础是人们在生产过程中结成的关系即社会的经济结构。马克思从社会生产的各种领域中划分出经济领域来，从一切社会关系中划分出经济关系来，并把它当作社会经济结构，当作决定其余一切关系的基本的原始的关系，在《〈政治经济学批判〉序言》中，

---

① ［美］诺斯：《经济史中的结构与变迁》，上海三联书店 1994 年版，第 68 页。
② 马克思、恩格斯：《马克思恩格斯选集》（第 3 卷），人民出版社 1995 年版，第 424 页。
③ 马克思、恩格斯：《马克思恩格斯选集》（第 1 卷），人民出版社 1995 年版，第 25 ~ 26 页。
④ 林岗：《诺斯与马克思：关于制度变迁道路理论的阐释》，载《中国社会科学》2001 年第 1 期。

马克思提出了"社会经济形态"这个概念。社会经济形态指的是一定的历史条件下社会关系的总和，可以看作是一定的历史时代的社会经济结构，经济基础或者经济制度。[①] 社会经济结构制约着社会经济生活、政治生活和精神生活，并决定着整个社会面貌。这样，这一理论就提供了一个区分人类历史上不同社会形态和同一社会形态不同发展阶段的客观标准，使人们有可能将一般科学的重复律应用到特定社会中占主导地位的生产关系上来，从而，就有可能把各国制度概括为一个基本概念，即社会形态。这就使我们可以记载社会现象，进而科学地分析社会现象。

2.1.1.3 社会生产力的变化与发展是制度变迁的动力与目的

马克思认为，生产力与生产关系的矛盾中，生产力具有内在动力，它经常处于不断的发展变化中，是社会生产中最活跃、最革命的因素。任何社会制度，即任何生产关系及竖立于其上的法律和文化等上层建筑，都不可能是长盛不衰的。因为，社会的物质生产力发展到一定阶段，便同它们一直在其中运动的现存生产关系或财产关系（这只是生产关系的法律用语）发生矛盾。于是这些关系便由生产力的发展形势变成生产力的桎梏。那时社会革命的时代就到来了。随着经济基础的变更，全部庞大的上层建筑也或慢或快地发生变革。[②] 因此，由于有生产力这个最活跃、最革命的因素的作用，脱离整个人类社会演进的统一轨迹的不变路径依赖是不存在的。纵观历史，任何民族的长期制度变迁都是繁荣与衰退交替的过程，并不必然存在完全衰退或完全繁荣的制度变迁路径。[③]

2.1.1.4 制度的变迁存在着量变和质变两种不同的形式

从唯物辩证的角度，马克思揭示了一切事物、现象发展过程中量变和质变的内在联系及其相互转化。量变表现为事物及其特性在数量上的增加或减少，是一种连续的、不显著的变化，质变是事物根本性质的变化，是渐进过程的中断，是由一种质的形态向另一种质的形态的突变。在事物内部矛盾的作用下，事物的发展从量变开始，当量变达到一定的界限时，量变就转化为质变，事物的性质发生了变化，旧质事物就变成了新质事物。

---

① 余源培：《马克思主义哲学的理论与历史》，复旦大学出版社2000年版，第114页。
② 马克思、恩格斯：《马克思恩格斯全集》（第31卷），人民出版社1998年版，第412～413页。
③ 林岗：《诺斯与马克思：关于制度变迁道路理论的阐释》，载《中国社会科学》2001年第1期。

这是量变向质变的转化。在新质的基础上又开始了新的量变。这是质变向量变的转化。量变引起质变，质变又引起新的量变，循环往复以至无穷，构成了事物无限发展的过程。

2.1.1.5 制度变迁发生的必要条件

在马克思看来，由于每一个既定社会的经济关系首先表现为利益关系,[1] 那么不同利益的主体，在生产劳动的交换和交往的过程中，必然会产生利益冲突。为了避免或者缓解这些利益冲突，就需要建立一些规则和秩序，而制度就是这些规则和秩序，制度的变迁是内含伦理价值判断的实现与发展，是维护和变革社会经济利益关系的基本工具与保障。另外，马克思比他同时代的学者更深刻地洞见了技术进步与制度变迁的历史关系。[2]

2.1.2 西方制度变迁理论

西方制度变迁理论演进过程经历了三个历史时期：一是以凡勃伦为创始人的开创性历史时期，制度的概念得以创立并用"累积因果论"来解释制度的变迁；二是以约·莫·克拉克为代表对制度变迁理论继承和发展的时期；三是以科斯、诺斯等人为代表的新制度学派蓬勃发展时期，这一时期传统制度经济学发展演变为现代制度学派。综合分析西方制度经济学的演进过程，可将制度学派关于制度变迁的理论归结为以下几个方面。

2.1.2.1 制度的定义

凡勃仑认为："制度实质上就是个人或社会对有关的某些关系或某些作用的一般思想习惯；而由生活方式所构成的是，在某一时期或社会发展的某一阶段通行的制度的综合，因此从心理学的方面来说，可以概括地把它说成是一种流行的精神态度或一种流行的生活理论。如果就其一般特征来说，则这种精神态度或生活理论，说到底，可以归纳为性格上的一种流行的类型。"[3] 因此，在凡勃伦看来，制度体系是不能人为设计的，它本质上是一个自发的动态进化与演进体系。但是，制度的具体形式是可以改变。凡勃伦关于制度定义解释对阿里斯、加尔布雷斯的影响很大，他们亦

---

① 马克思、恩格斯：《马克思恩格斯选集》（第3卷），人民出版社1995年版，第617页。
② 科斯、诺斯、阿尔钦等：《财产权利与制度变迁》，上海三联书店1991年版，第337页。
③ ［美］凡勃伦：《有闲阶级论》（中文版），商务印书馆1964年版，第139页。

把制度看作各种风俗和习惯。康芒斯所说的制度是指约束个人行动的集体行动而言，而在集体行动中，最重要的是法律制度。诺斯认为，制度是一种社会博弈规则，是人民所创造的用以限制人们相互交往的行为框架。他把博弈规则分为两大类：正式规则（宪法、产权制度和合同）和非正式规则（规范和习俗）。① 所谓的制度变迁是指一种制度框架的创新和被打破。舒尔茨和拉坦则把制度定义为一种行为规则。由此可以看出，制度的定义经历了在制度学派演进的过程中也经历了从"人们的风俗和习惯"、"集体行动"、"博弈规则"以及"行为规则"这一演变过程。而且在这一过程中，制度的种类也日益繁多，制度之间的关系、制度和组织的关系，以及代表着制度关系的人与人之间的关系也日益错综复杂。这种复杂性也从客观上造成了制度变迁理论的多样性。

2.1.2.2　制度变迁的动因

凡勃伦把制度的变迁或演进视为累积因果过程。这一变迁过程的关键因素是技术，是本身就属于现存制度系统功能的技术变迁的速度和方向。凡勃伦强调经济学是一门进化论的科学，并断定社会发展如同生物界一样，是一个只有渐进演变，没有飞跃突变，只有量变，没有质变的演进过程。康芒斯更侧重从利益集团冲突、权力体系对比和政治与经济之间的相互关系等角度分析制度变迁的原因、特征与差异。康芒斯将制度变迁的原因归因于两方面：一是该制度系统因外界条件变化而变化以保障"可行性"的要求；二是制度系统内部个人和机构为追求自身利益而采取行动的结果。这样，内外因结合共同促成了现存制度的变化，而其中个人和机构的活动尤为重要，这使得康芒斯的理论更接近于问题的实质。

而以诺斯为代表的新制度经济学派认为，制度变迁的来源是相对价格和偏好的变化。② 制度变迁是由于制度外收益的存在导致制度非均衡，从而走向均衡的过程。诺斯构建了制度变迁的一般理论模型。基于制度变迁的诱致因素在于主体期望获取最大的潜在利润这一基本假设，诺斯认为，只要有外部利润的存在，就表明社会资源的配置还没有达到帕累托最优状态，从而可以进行帕累托改进。而由于外部利润不能再既有的制度机构中获取，因此，要实现帕累托改进、要获取外部利润，就必须进行制度的再安排。这种新的制度安排的目的就在于使显露在现存的制度安排结构外面

---

① 卢现祥：《西方新制度经济学》，中国发展出版社 2003 年版，第 34 页。
② 李飞：《制度、制度变迁与经济实绩》，载《经济社会体制比较》1992 年第 2 期。

的利润内在化，以求达到帕累托最佳状态。外部利润内在化过程的实质就是一个制度变迁和制度创新的过程。①

拉坦在总结了包括马克思、诺斯、舒尔茨等人的研究的基础上，提出了诱致性制度变迁的模型。在拉坦的模型中，他强调了制度变迁的诱因——要素与产品市场的相对价格变动，认为之前的论述都是讲制度作为外生变量，或者索性将制度抽象出来研究经济发展，而实际上制度变迁本身就是经济发展的推动力量。② 诱致性制度变迁的特点可概括为：一是盈利性。只有当制度变迁的预期收益大于预期成本时，有关群体才会推进制度变迁。二是自发性。外部利润的存在诱发了自发性反映。三是渐进性。诱致性制度变迁是一种自下而上，从局部到整体的制度变迁过程。

结合中国的实际，林毅夫在《关于制度变迁的经济学理论：诱致性变迁和强制性变迁》中指出，强制性制度变迁是由政府命名和法律引入和实现。强制性制度变迁可以纯粹因在不同选民集团之间对现有收入进行再分配而发生。因为制度安排是一种公共产品而"搭便车"问题又是创新过程中固有的问题，国家的干预可以弥补制度供给不足，从而降低制度变迁的成本。因此，强制性制度变迁是一种自上而下的制度变迁过程。

通过对以上制度经济学家对制度变迁的动因观点的梳理，我们可以得出：由于技术的变化、产品和生产要素相对价格的长期变动，交易成本的相对值发生了变化，并最终由利益团体推动或者政府强制，从而发生了制度变迁。

2.1.2.3　制度变迁的路径依赖

诺斯认为，路径依赖是对长期经济变化作分析性理解的关键。他把路径依赖解释为"过去对现在和未来的强大影响"，指出"历史确实是起作用的，我们今天的各种决定、各种选择实际上受到历史因素的影响"。在诺斯看来，制度变革方式选择的不同将导致经济发展长期轨迹差异的问题，人们过去作出的选择决定了他们现在可能的选择。沿着既定的路径，经济和政治制度的变迁可能进入良性的循环轨道，迅速优化；也可能顺着错误的路径往下滑，甚至被"锁定"（lock-in）在某种无效率的状态而导致停滞。一旦进入锁定状态，要摆脱就十分困难。诺斯认为，不完全市场和报酬递增是决定制度变迁路径的两个方面。就前者而言，由于市场的复

---

① 卢现祥：《西方新制度经济学》，中国发展出版社 2003 年版，第 34 页。
② 科斯、诺斯、阿尔钦等：《财产权利与制度变迁》，上海三联书店 1991 年版，第 338 页。

杂性和信息的不完全，制度变迁不可能总是完全按照初始设计的方向演进，往往一个偶然的事件就可能改变方向。就后者而言，人的行为是以利益最大化为导向的，制度给人们带来的报酬递增决定了制度变迁的方向。而在一个不存在报酬递增和完全竞争市场的世界，制度是无关紧要的；但如果存在报酬递增和不完全市场时，制度则是重要的，自我强化机制就会起作用。

笔者认为，路径依赖理论对兵团国有资产管理体制改革具有很强的理论指导意义。事实上目前兵团对国有资产的管理中已经出现了对无效率制度的路径依赖问题，这主要是因为前期改革不规范，改革措施不彻底所致。

2.2　产　权　理　论

2.2.1　马克思主义的财产权学说

产权问题是全部经济学的最基础的问题。一般认为，产权理论指的是以英国产权经济学家罗纳德·科斯为首的产权学派的经济理论，现代产权经济学是从科斯、阿尔钦、德姆塞茨等人开始的。其实，尽管马克思在其著作中并没有使用"产权"一词，但是马克思从资本的所有权关系入手，通过对资本主义的制度结构分析，已经提出了科学、系统的产权理论。马克思主义的财产权学说的主要内容包括：

2.2.1.1　财产权的本质和特征

在马克思看来，财产权是社会生产关系的具体表现形式，财产权的本质是财产权关系。马克思在阐述所有制理论时指出："在每个历史时代中所有权以各种不同的方式，在完全不同的社会关系下面发展着。因此，给资产阶级的所有权下定义不外是把资产阶级的全部社会关系描述一遍。"[1]可见，财产权是社会关系的具体表现形式，它反映着社会关系。马克思认为，财产权具有独占性（垄断性）、收益性等特征。

---

[1]　马克思、恩格斯：《马克思恩格斯选集》（第1卷），人民出版社1973年版，第144页。

2.2.1.2 财产收益分配是产权关系的核心问题

马克思通过对资本主义社会生产方式下必需的物质要素及其收入源泉的分析，揭示了财产收益分配的一般规律：任何社会生产方式都存在着以劳动、生产资料和土地这三个物质要素为实体的财产权，当然也存在着依据财产权而获得收益的规律。财产权是收益权的基础和前提，财产所有者依据对财产的所有权获得收益，财产收益是财产权利的实现形式，拥有财产权利的目的是获得财产收益。[①]

2.2.1.3 权能分解理论

马克思主义的产权体系不仅涉及所有权，也涉及占有权、支配权、使用权、经营权、继承权和剩余索取权及不可侵犯权等一系列权利，实际上是一组"权利束"。马克思不仅研究了产权"权利束"统一运作的情况，也研究了它们分离运作的情况。马克思在分析生息资本问题时指出："要把自己的货币作为生息资本来增殖的货币所有者，把货币让渡给第三者，把它投入流通，使它作为资本的商品；不仅对他自己来说是作为资本，而且对别人来说也是作为资本；不仅对把它让渡出去的人来说是资本，而且它一开始就是作为资本交给第三者的，这就是说，是作为这样一种价值，这种价值具有创造剩余价值、创造利润的使用价值；它在运动中保存自己，并在执行职能以后，流回到原来的支出者手中，在这里，也就是流回到货币所有者手中；因此，它不过暂时离开他，不暂时由它的所有者占有变为执行职能的资本家占有，这就是说，它既不是被付出，也不是被卖出，而只是被贷出，它不过是在这样的条件下被转让：第一，过一定时期流回到它的起点；第二，它作为已经实现的资本流回，流回时，已经实现它的能够生产剩余价值的那种使用价值。"[②] 在这里货币资本财产的所有权和使用权就实现了分离。"权能分解"理论为界定国有资产的所有者、占有使用者、监督管理者、经营者的身份和拥有的财产权利提供了理论依据。

2.2.1.4 产权演进的动力

马克思主义产权理论以生产为基础，把产权结构及其演变归结为生产

---

① 李松森：《中央与地方国有资产产权关系研究》，人民出版社 2006 年版，第 13～14 页。
② 马克思：《资本论》（第 3 卷上），人民出版社 1975 年版，第 384 页。

力与生产关系矛盾运动的结果，生产力水平的提高引起生产资料所有制关系的变化，而生产资料所有制关系的演变则具体化为产权形式的差异和演变，从而把产权范畴奠定在科学的基础上。

2.2.1.5　产权的效率

马克思产权理论从宏观角度把评价生产关系的效率标准确立为生产力标准，即认为越能促进生产力发展的制度就越有效率。产权制度的效率体现在具体的生产过程中对劳动者是否有较强的激励作用。

2.2.1.6　财产权利受法律保护

马克思认为，财产所有权是由法律确认和保护的财产所有者对其财产所享有的权利，法律是保护财产权的手段。"每当工业和商业的发展创造出新的交往形式，例如保险公司等等的时候，法便不得不承认它们是获得财产的新形式。"[1] "现代的资产阶产关系靠国家权力来'维持'，资产阶级建立国家权力就是为了保卫自己财产关系。"[2] 由此，可以看出，国家的职能是保护统治阶级的财产所有权及其相关的权能和财产关系，法是国家履行职能的表现形式。[3]

马克思主义的财产权学说解释了市场经济条件下产权关系的一般规律和内在规定性，反映了社会化大生产的客观要求。对改革兵团产权管理体制，建立现代产权制度，促进兵团社会经济的发展，具有重要的指导意义。

2.2.2　现代西方产权理论

现代西方产权理论的系统提出是在 20 世纪 30 年代，其标志是 1937 年科斯发表的《企业的性质》一文，这篇文章的发表，被视为现代西方产权理论的产生。1960 年 10 月，科斯又在美国《法学与经济学》杂志发表了《社会成本问题》一文，就外部性市场失灵对传统理论提出挑战，强调指出政府管制不是克服外部性市场失灵的唯一手段，私有产权下的市场具有克服自身外部性缺陷的功能。如果不考虑交易成本，无论法律将产权最

---

[1]　马克思、恩格斯：《马克思恩格斯选集》（第 1 卷），人民出版社 1973 年版，第 71 页。
[2]　马克思、恩格斯：《马克思恩格斯选集》（第 1 卷），人民出版社 1973 年版，第 171 页。
[3]　李松森：《中央与地方国有资产产权关系研究》，人民出版社 2006 年版，第 36 页。

初分配给谁，只要私有产权界定是清晰的，产权交易就可以无成本地实现外部性的内部化，从而达到资源配置的最优，而无须政府采取减税或补贴措施。斯蒂格勒在总结科斯的思想之后，提出了著名的"科斯定理"，主要包括：（1）交易成本论，只要交易成本为零，不管产权初始如何安排，当事人之间的谈判都会导致那些财富最大化的安排，即市场机制会自动达到帕累托最优；（2）自由交换论，只要能自由交换，财产的法定权利的最初分配就不影响经济效率；（3）完全竞争论，只要能够在完全竞争市场上进行交换，财产的法定权利的最初分配就不影响经济效率。

此后，德姆塞茨、阿尔钦、菲吕博腾等许多经济学家参与到产权理论的研究之中，提出了一系列新的理论和观点，推动了产权理论的发展和完善。现代西方产权理论的主要研究思路是：市场机制存在外部性的缺陷，外部性的存在使得私人成本与社会成本、私人收益与社会收益产生偏离，进而导致稀缺资源的配置不是最优的，产生了效率损失，而外部性又主要是由产权的界定不清晰产生的，所以有必要把产权引入经济分析，不能把产权简单假设为既定而排斥在外。在此基础上，重新对帕累托准则进行反思，将产权和法律引入经济分析，并把交易费用和产权作为基本概念，以交易费用为基本的分析工具，将交易费用、产权关系、市场运行和资源配置效率四者联系起来构成理论框架，研究产权及其结构和安排对资源配置及其效率的影响。①

2.2.2.1 交易费用理论

现代企业理论主要运用交易费用来解释公司的起源和变化，核心观点是把现代公司理解为具有节约交易费用目的和效应的组织创新的结果。科斯在《企业的性质》中首先引入交易费用概念，正式提出了"企业为何要存在"的命题。科斯认为企业与市场为两种不同而又可相互取代的交易体制，市场上的交易是由价格机制来协调的，也就是亚当·斯密所说的"看不见的手"。而企业的存在将许多原来属于市场的交易"内化"了，企业不同于市场的特征就在于行政命令取代了价格机制成为资源配置的动力。

威廉姆森进一步丰富和发展了交易费用理论，增强了其对现实世界中经济组织和经济现象的解释力。威廉姆森将交易作为经济分析的基本单

---

① 岳福斌：《现代产权制度研究》，中央编译出版社 2007 年版，第 27～28 页。

位，认为交易是通过契约进行的，特别是从交易的维度分析了交易的特性，使交易分析更具有可操作性。威廉姆森最早提出了治理结构一词，即决定着契约关系是否完整的组织结构。[①] 威廉姆森认为，经济组织的主要目的和作用在于节约交易费用，从而根据交易费用的高低设计出了不同的企业治理结构，提出了有效地企业结构设计三原则：资产专用性原则、外部性原则和等级分解原则。那么，什么样的契约需要什么样的治理结构或者制度安排呢？这需要具体问题具体分析。根据是否存在资产专用性（K）以及是否有相关保障措施（S），可以将交易或契约分成三类，分别对应不同自的价格（P），见图 2 - 1 所示。

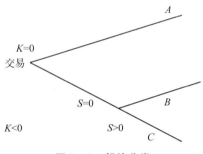

图 2 - 1　契约分类

资料来源：杨瑞龙：《企业理论：现代观点》，中国人民大学出版社 2005 年版，第 88 页。

图中，节点 A、B、C 对应的价格分别为 P_1、$\bar{P}$ 和 $\hat{P}$，且 $P_1 < \bar{P} < \hat{P}$。其中的道理其实很直观：越是专用性资产（$K > 0$），越是有高风险，因此价格就越高，除非得到某种保护措施（$S > 0$）。可以把 K 理解为风险程度，把 S 理解为风险贴水。无论是最终产品、中间产品（要素），还是人力资本和特许权定价时，都被认为遵循了这个基本规则。在某种意义上，治理结构就可以理解为一种综合了资产专用性、保障措施和交易价格的制度安排。[②] 此外，威廉姆斯还认为要结合企业的组织结构和演化来分析产权结构的变动对企业的目标和行为的影响。为此，他提出了单一型公司和多部门公司的假说，得出的结论是：多部门在目标追求和在最低成本行为上比单一型公司更接近新古典的利润最大化原则。

① 　O. Willamson，*The Economic Institute of Capitalism* . New York：Free Press，1985，P. 42.
② 　杨瑞龙：《企业理论：现代观点》，中国人民大学出版社 2005 年版，第 88 页。

2.2.2.2　产权的理论

现代西方产权理论关于产权的一般性观点，可以归纳为下述几个方面：

（1）经济学的核心问题不是商品买卖，而是权利买卖。人们购买商品是要享有支配和享受它的权利。德姆塞茨认为：产权是包括一个人或其他人受益受损的权利，产权是界定人们如何受益及如何受损，因而谁必须向谁提供补偿以使他修正人们所采取的行动。[①] 阿尔钦指出：产权是一个社会所强制实施的选择一种经济品的适用的权利。私有产权是对必然发生的不相容的使用权进行选择的权利分配。[②] 菲吕博腾则认为：产权不是指人与物之间的关系，而是指由物的存在及关于他们使用所引起的人们之间相互认可的行为关系。[③]

（2）资源配置的外部效应问题，是由于人们认定契约的权利无法严格界定。而没有严格界定这种权利，就不会有产品市场的存在，所以产生了外部效应。市场运行失败是产权定义不明确的结果。

（3）产权制度是经济运行的根本基础，有什么样的产权制度，就会有什么样的组织，什么样的技术，什么样的效率。

（4）严格定义的私人产权不会排斥合作生产。阿尔钦认为，"除私有产权以外的其他产权都降低了资源的使用与市场所反应的价值的一致性。"[④] 通过权利交易，一个私人产权制度会生产出非常复杂、合作效率极高的组织，但这种复杂的组织是以私人产权的自由交易形成的。明确界定私人产权是为有效地寻找更优体制奠定制度基础，而自由的产权交易对寻找有效率体制的作用比分配商品的作用重要得多。

现代西方产权理论具有一定的合理性，对兵团国有企业产权制度的改革有一定的借鉴意义，如菲吕博腾和配杰威齐从产权结构的角度对产权进行的研究，就强调了在不同的企业组织形式中，财产权利可以有不同的组合方式，只要能够促进经济效益的提高和企业的发展壮大，就是有价值的。但是，现代西方产权理论中一些缺陷，又是必须扬弃。例如，绝对地认为私有产权一定会实现资源配置的高效率，认定公有产权是导致国有资

---

① 科斯、诺斯、阿尔钦等：《财产权利与制度变迁》，上海三联书店 1991 年版，第 97 页。
② 科斯、诺斯、阿尔钦等：《财产权利与制度变迁》，上海三联书店 1991 年版，第 167 页。
③ 科斯、诺斯、阿尔钦等：《财产权利与制度变迁》，上海三联书店 1991 年版，第 205 页。
④ 科斯、诺斯、阿尔钦等：《财产权利与制度变迁》，上海三联书店 1991 年版，第 174 页。

产运营效率低下的主要原因的观点，就是片面的。因为，私有产权资源的配置只是局部的和部分的，而不是社会的整体的和全部的，因此，所有产权在配置资源方面可能会出现外部性的问题。在局部看是高效率的，但从社会的角度看却可能是低效率的。[①]

2.2.2.3 委托—代理理论

委托—代理理论是对企业契约理论的重大发展。在现代公司制企业中，由于所有权和经营权的分离，产生了两大问题：信息不对称问题和合约不完全问题。委托—代理理论就是研究非对称信息条件下，市场参与者之间的经济关系的理论。其主要内容包括现代企业制度中资本所有者和经营者之间的委托—代理关系以及由此产生的代理成本和代理收益，而经营者激励约束和竞争机制的安排是委托—代理理论研究的主体。

委托—代理关系实际上就是一种契约关系。在这一契约关系中，人们将能够主动设计契约形式的当事人称为委托人，而将被动在接受或拒绝契约形式之间进行选择的人称为代理人。委托人授权代理人为其利益而从事某些活动，代理人则通过代理行为获取一定的报酬。在委托—代理关系中，委托人和代理人的目标是实现各自的效用最大化。委托人要实现自己的目标，同时也必须让代理人在代理过程中实现自己的目标。因此，委托—代理关系，就是委托人设计出一个契约，授予代理人某些决策权，以报酬等形式满足代理人的效用最大化目标，并对代理人行为进行监督和约束，从而使委托人的效用目标达到最大化。为此，构成委托—代理关系的基本条件有四个：委托人和代理人具有理性行为能力；委托人和代理人的目标函数不一致；委托人和代理人信息不对称；委托人和代理人责任风险不对称。还有五个基本的制度环境：委托人是资产所有者，拥有剩余索取权；委托人是风险中立者，不存在偷懒动机，具有监督代理人行为的积极性；委托—代理关系是单极的，即从股东到经理；委托—代理关系是建立在自愿性契约基础之上；剩余索取权可以转让，委托人通过行使退出权惩罚代理人违约行为的威胁是可信的。

委托—代理理论认为，如果代理人能够完全为委托人利益着想，那么这种代理关系就不会产生额外的成本，从而也不存在所谓代理问题。然而，代理人与委托人毕竟不同，他们之间存在着不对称：一是利益上的不

[①] 李松森：《中央与地方国有资产产权关系研究》，人民出版社 2006 年版，第 80 页。

对称。委托人与代理人的利益不完全相同，如公司董事长作为委托人追求的是公司利润的最大化，而公司经理作为代理人追求的则是个人收最大化以及权力的扩大、地位的提高等。同时委托人与代理人又都是追求自身利益最大化的经济人，因此，当代理人为谋取自身利益而损害委托人的利益时，代理问题就不可避免地出现了。二是信息不对称。在代理关系中，信息是不对称的。委托人能够了解的有关代理人的信息是有限的，而代理人则掌握着信息优势。代理人会在达成契约前利用信息优势签订有利于自己的契约，或在达成契约后利用信息优势不履约或"磨洋工"，损害委托人的利益。由于以上两个方面的原因，委托人为了防止代理人损害自己的利益，就需要通过严密的契约关系和监督来限制代理人的行为，但这样做就必须付出相应成本，这种成本就是代理成本。代理成本分为三个部分：监督成本，即委托人为限制和监督代理人行为所付出的费用；约束成本，即由代理人的行为受到限制或约束而不能及时作出决策所造成的损失；净损失，即在委托人监督不了、而代理人又不能自律的情况下所造成的损失。

委托—代理理论侧重于研究对代理人的激励和约束机制。由于所有权与营权分离的情况下，委托人和代理人之间信息不对称，两者的目标函数可能不一致，代理人的行为倾向存在着道德风险和逆向选择的可能。为了防止代理人偷懒、不负责任及机会主义行为，就需要建立一套既能有效地约束代理人的行为，又能激励代理人按照委托人的目标和为委托人的利益而努力工作、从而降低代理成本的机制或制度安排。

委托—代理关系广泛地存在于各种经济领域和经济组织，也存在与国有资产监管领域。理顺国有资产管理中的委托—代理关系对国有资产的高效运营和保值增值十分必要，因此，委托—代理理论对兵团国有资产监管的重要的理论基础。

2.3　现代公共产品理论

所谓公共产品，是相对于个人产品而言的。根据萨缪尔森在《公共支出的纯理论》的定义，公共产品是"每一个人对这种产品的消费，并不能减少任何他人也消费该产品"。判断一种物品是属于公共产品还是私人产品，主要依据竞争性和非竞争性、排他性和非排他性这四个特征的组合情况来辨别，我们大致可以区分出以下四种不同类型的产品：（1）同时具有非排他性与非竞争性的纯公共产品。萨缪尔森认为，"公共产品的典型例子是国防。国防作为一种经济品，一旦有人提供，就会对所有人产生平等的影响。"① （2）同时具有排他性与竞争性的纯私人产品。（3）具有非排他性和竞争性的公共资源。（4）具有排他性与非竞争性的准公共产品。②因为在现实社会中，纯粹的公共产品是非常稀少的。由政府提供的产品中往往是准公共产品居多。为了这些准公共产品的有效提供，适度的财政投资是必须的。

兵团的公共性事务及其财政支持属性，可按照其性质分为以下几个方面：

（1）全民公共性产品。保卫边疆，防止分裂等所需的基础设施，常设机构，常驻人员，训练，巡逻等，是与全民利益相联的完全公共产品，其费用应当由中央财政承担。但目前兵团军事活动经费的极大比重是由兵团团场企业承担，这直接导致了团场企业内部核算机制不完整、效益被拉低，进而随着兵团所辖团场企业经济效益的下降，兵团用于军事目的的费用也受到严重影响，直接影响了兵团的战斗力。（2）全民与地方共享的公共性产品。如地处新疆和兵团的、面对全国的监狱、干线交通、最低生活保障、社会救济等，即有全民公共性，也有地方公共性。这些事务的财政负担理应由中央财政、兵团财务及地方财政共同承担。（3）地方公共产品。污水处理、医院、消防等，是地方政府的事务，其财政负担理应由兵团与地方视具体情况分担。（4）准公共产品。教育、社会保险等，政府要负担，个人也要负担。

另外，根据公共经济学理论的基本观点，对于纯粹的私人产品的基础设施领域，原则上政府要退出，完全由市场提供。由于存在"市场失灵"，从而使市场机制难以在一切领域达到"帕累托最优"，特别是在公共产品方面。如果由私人部分通过市场提供就不可避免地出现"免费搭车者"，从而导致哈丁所指出的"公地悲剧"③，难以实现全体社会成员的公共利益最大化，这是市场机制本身难以解决的难题，这时就需要政府来出面提供公共产品或劳务。而当由政府来承担私人品的生产和提供职责时，如果采用的是集中性公共生产的模式，那么由于现行技术资源条件下不可避免

---

① 樊勇明等：《公共经济学》，复旦大学出版社2001年版，第50页。
② 萨缪尔森：《经济学（十四版）》，中国人民大学出版社2002年版，第24页。
③ "公地悲剧"发生的原因之一是公共资源在法律规定上的产权明确与实际使用中的产权模糊的不对称性，使得公共资源常常处于一种无人为之负责同时又任人攫取的悲惨境地。

的极其高昂的信息费用，以及无法进行有效激励等问题，经济效率将远逊于由市场来从事同样的活动；而分散的公共生产虽然可以在一定程度上克服集中性公共生产所面临的信息和激励问题，但却又无法避免在该种情况下所产生的运动员和裁判员角色冲突问题。也就是说，当政府身兼市场的执法者和营利性国有资产的所有者双重任务时，这个兼任运动员的裁判员必然有着内在的冲动，以图利用裁判的权利使自己的运动成绩更为出色，这种情况的存在虽有助于国有企业经营业绩的暂时提升，但从根本上来讲，将会减少消费者应得的效用和其他经济主体对经济活动的公平参与权，从而在整体上降低整个社会经济的效率，最终国有企业本身也将缺乏足够的内在竞争力而无法保持长期的优势。①

公共产品理论对兵团国有资产管理的实践有很强的解释力和借鉴作用，在特殊体制与市场机制结合过程中，廓清"什么是政府应该管的，什么是应该由市场内在运行解决的"以及"政府如何才能管好"的问题，有利于完善兵团国有资产管理的思路并为对策设计提供所依托的理论背景。

---

① 毛程连：《公共产品理论与国有资产管理体制改革》，载《当代财经》2002 年第 9 期。

第 3 章

兵团国有资产管理体制变迁历程

3.1 兵团国有企业的发展与国有资产的形成

3.1.1 兵团体制的特殊性

兵团国有资产形成于兵团国有经济的产生和发展进程中，因此，了解兵团国有资产的形成历程，探索兵团国有资产的管理体制，必须首先了解兵团国有经济的产生和发展历程，而与其他地区相比，兵团国有经济又产生于兵团特殊的体制背景下，因此，了解兵团国有企业的产生和发展历程，又决定了必须首先全面了解兵团特殊的经济体制。

兵团是党中央在总结西汉以来历代中央政府治理边疆历史经验的基础上，创立的一种实施屯垦戍边"千古之策"的特殊形式，同时也是独立于地方行政机构和管理部门的一个特殊建制。虽然从隶属关系上来看，兵团各级部门要接受自治区党委的统一领导，但在特殊的建制下，兵团仍然具有自行管理所辖垦区的行政和司法事务等权利，并具有管理辖区内社会事务、发展壮大辖区经济和稳固边防等义务。而从与国家之间的隶属关系上来看，自建立那天起，兵团就属于国家军垦农场管理体系的一部分，在农业部也设有特殊的兵团管理部门，因此可以将兵团看作一个大型的国营农场，但兵团又不同于一般的国营农场，因为它具有"农、工、商、学、兵相结合，党、政、军企为一体的特殊体制"[①]。以"军"为本，成为从本

---

① 新疆生产建设兵团史志编纂委员会：《新疆生产建设兵团大事记》，新疆人民出版社1995年版，第66页。

质上把握兵团特殊性的统领一切的指导方针与定位坐标。

　　然而，虽然在内部的结构上，兵团集党、政、军、企为一体，但特殊的任务也决定了兵团既不能成为一个完全意义上的政府，也不能成为一个完全意义上的军队，更不能成为一个真正意义上的企业。在今天的市场经济中，许多人更是把它看成一个"四不像"的怪胎。"是政府，要交税；是企业，办社会；是军队，没军费；是农民，入工会"，"职工是不穿军装的部队，团场是永久的界标"这一在西部地区广为传播的民谣生动描述出了兵团的特殊性。

　　首先，兵团虽然具有自身的行政体制，但并不成为一个完全意义上的政府。这主要是由于兵团的行政体制与内地省市、民族区域自治地方、香港和澳门特别行政区既存在相同之处，又存在不同之处。相同之处在于，兵团具有相当高程度的地方政权特征。第一，兵团具有各级完备的党委系统，而且从党委级别上，兵团党委与新疆维吾尔自治区党委同级，与自治区和其他省、直辖市一样，兵团党委也是兵团政治权力结构中的核心部分。第二，兵团党委的机构也是完整的，包括办公、组织部、宣传部、统一战线工作部，政法委员会，兵团机关直属委员会、研究室、纪律检查委员会等。第三，兵团党委各职能部门在工作性质和职权上，与中共中央的职能部门没有什么差别，与自治区党委各部门的工作性质、职权也是等同的，只是管辖的地域不同。此外，从政府职能上来看，兵团与地方政府一样，具有全面行使执法的职能，并且具有完整的执法机构和司法机关，公安局、司法局、劳改局、监狱以及法院和检察院一应俱全。[①] 而不同之处则在于：第一，虽然兵团在自己所辖的垦区内，具有自行管理内部的行政和司法事务的权利，并属于国家实行计划单列的特殊社会组织，但兵团必须依照国家和新疆维吾尔自治区的法律、法规来办事，并同时受到中央政府和新疆人民政府的双重领导；第二，兵团政府行政机构也是不完备的，在行使政府工作的部门中，缺少了几个非常重要的机构，包括税务、工商和邮电；第三，兵团虽然隶属于中央，而且在级别上，兵团党委与新疆维吾尔自治区党委同级，但作为自治区组成部分，在兵团一级与自治区党委、政府间，却存有隶属关系，在兵团常委与自治区人大和常委之间，也存有监督与被监督的关系；第四，从兵团内部来看，对于农垦和团场，则主要是在兵团系统内实行垂直领导，与地州和县市一级党委、政府间均无

---

　　① 蒋丽蕴：《体制与运行：新疆生产建设兵团的历史和现状》，北京大学，1998年。

任何隶属关系①；第五，兵团虽具有自行管理辖区内政治、经济、社会和文化事业发展的权利，并需要履行发展经济、促进社会进步、维护社会政治稳定等义务，但与其他地区不同，兵团还承担着屯垦戍边等义务；第六，虽然自计划单列以来，兵团成为中央一级预算单位，但却实行综合财力补助预算，除四个城市（石河子、五家渠、阿拉尔和图木舒克市）和一个建制镇（北泉镇）有财政税收职能外，兵团体制中并没有财政税收的职能安排。

其次，兵团从整体上来看更类似一个大的公有制企业（主要体现在其内部实行企业化、半军事化管理，并且每年必须向国家缴纳税金）。由于其特殊的使命，在过去、现在和将来，其都不可能成为真正意义上的企业。这主要是由于：第一，从兵团下属企业（可以看作兵团这一大企业的各部门）的地理布局上来看，兵团完全是按照军事需要和原则安排的，而并不是以市场需求、资源、地缘以及相互之间的职能关系等为导向建立的，结合着兵团"不与民争利"的方针，在当前，兵团企业大都分布在沿边境或荒漠穷山之中，不仅离大城市较远、交通不便、信息不灵，而且缺乏基本的生产条件，因此很多企业发展极为落后。第二，在经营目标上，兵团及其下属企业在很大程度上是以政治为导向，所谓"放政治牧、种政治地"，是兵团及其下属企业在经营上无法摆脱的选择。一般来说，企业如果在长期内没有经济效益，则往往会被关、停、并、转，但是兵团的一些企业，特别是一些边境贫困团场内的企业，虽然长期效益不佳，而且有的已经造成累计上亿元的严重亏损，但是为了维护边疆的稳定，却不能够倒闭的。另外，为保证兵团及师一级的各项政策能够得到的落实，各团场都设有一批上下对口的机构和专职人员，因此，从总体上来看，整个兵团的非生产性人员所占比例较高。第三，在"永不转业"的压力下、在远离城镇的环境中繁衍生息的恶劣条件下，兵团企业还必须自筹资金兴办文教卫生等各种社会事业。

再其次，兵团具有军队的特征，但却是一支不穿军装，不拿军粮、不拿军饷的军队。1954年8月，中国人民解放军第一野战军一兵团二军、六军四个师、五军（原三区革命民族军）、二十二兵团（原陶峙岳将军率领起义的部队）合并，组成新疆军区生产建设兵团。1954年10月7日，新疆军区遵照中央军委、总参谋部的决定，宣布新疆军区生产建设兵团成

①　尚红娟：《对新疆生产建设兵团"存在的合理性"思考》，载《理论界》2007年第7期。

立。1955年3月，驻疆解放军105546人集体转业（包括兵团生产部队）。1956年2月，国务院根据军委总政治部副主任肖华《关于新疆生产建设兵团和部队民族干部问题的报告》，要求新疆军区生产建设兵团有军籍的人员，凡未办理转业复员手续者全部补办。[①] 从此，兵团不再属于军队系列，在组织上与军区脱离了全部关系，成为一支军垦部队，其名称也由新疆军区生产建设兵团变为新疆生产建设兵团。但是1999年颁布的中央17号文件明确"兵团是一个准军事实体"，它保持着部队的兵、师、团、营、连、排、班的军事序列，保留着人民解放军完备的政治机构和政治工作制度。"屯垦戍边、铸剑为犁"、"平时搞生产，战时去打仗"是这支军垦部队真实的写照。在维稳戍边的过程中，这支"不穿军装的工作队"从1958年乌苏蒙古族喇嘛暴乱，1962年的"伊塔事件"，1981年"东土耳其斯坦燎原党"的叛乱，1989年乌鲁木齐分裂分子的打砸抢骚乱事件，到2009年乌鲁木齐的"7·5"事件，以其对党和人民最大忠诚，在平息上述一系列暴乱事件中，起到了决定性作用，而且在当前，形成了"军、警（武警）、兵（兵团）、民"四位一体的联防体系；在生产建设的进程中，这支军队又以其超大型的社会组织，为西部边疆的繁荣创造了一个又一个奇迹。以农业为例，经过多年的开荒运动，当前，兵团拥有播种面积1478.7万亩，人均播种面积5.78亩，人均生产总值达15000元人民币，从业人员人均农业生产总值达2.3万多元，分别名列全国第一位。另外，兵团的农业机械化、农业信息化水平也名列全国第一位，并远远超过全国平均水平。[②] 兵团目前各师地区分布和领导机关所在地见表3-1所示：

表3-1　　　　兵团目前各师地区分布和领导机关所在地

师级单位	分布地区	领导机关所在地
兵团整体	全自治区13个地、州、市	乌鲁木齐市
农一师	阿克苏地区	阿克苏市
农二师	巴音郭楞蒙古自治区	库尔勒市
农三师	喀什地区、克孜勒苏柯尔克孜自治州	喀什市
农四师	伊犁地区	伊宁市
农五师	博尔塔拉蒙古自治州	博乐市
农六师	昌吉回族自治州	五家渠市

---

① 王利中、岳廷俊：《新疆生产建设兵团工业简史》，新疆大学出版社2007年版，第49页。
② 蔡侗辰、杨东、周小精：《解读"新疆兵团模式"》，天山网，2010年3月25日。

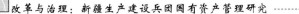
续表

师级单位	分布地区	领导机关所在地
农七师	塔城地区	奎屯市
农八师	塔城地区、昌吉回族自治州、石河子市	石河子市
农九师	塔城地区	额敏县
农十师	阿勒泰地区	阿勒泰市北屯镇
建筑工程第一师	乌鲁木齐市、昌吉回族自治州、库尔勒等地	乌鲁木齐市
农十二师	乌鲁木齐市	乌鲁木齐市
农十三师	哈密地区	哈密市
农十四师	和田地区	和田市

资料来源：根据兵团网相关资料整理。

最后，从经营体制上来看，兵团团场统分结合的双层经营体制是"土地国有、团场经营、农户生产"的"大农场套小农场"的农业经营模式，与农村"集体所有、农户生产经营"的以家庭联产承包责任制为基础的村民自治式双层经营体制不同。另外，兵团农场和团场职工拥有特殊的身份。兵团有一半以上的企业是国有农场，农场的主要行业是农业，这在表面上与农村没有多大区别，但兵团农场以及团场的农工在身份上不同于农民。兵团在体制上属于全民所有制，作为农场的职工，便是农业工人，因此从户籍制度上讲，兵团的农业师中占主要构成部分的全民所有制农场职工，是"城市户口"，这是他们与农村村民不同之处。① 另外，由于兵团职工中有相当比例的预备役军人，每年从事两个月的军事训练，根据需要随时可以组成现役作战部队，又是准军事人员。在指挥系统上，兵团直接听命于中央，自治区政府没有直接管理权。所有兵团职工是有中央政府统一管理的、从事农业劳动的军事屯垦人员。

3.1.2 兵团国有资产的形成和变动历程

兵团国有资产的形成和变动分为三个主要阶段：一是从新疆解放后

---

① 蒋丽蕴：《新疆生产建设兵团的发展模式》，引自厉以宁主编：《区域发展新思路 中国社会发展不平衡对现代化进程的影响和对策》，经济日报出版社2000年版。

到兵团成立前，该期间，中国人民解放军在新疆建党建政、土地改革和平叛剿匪的同时，也开展了大生产运动开荒造田和创办现代工业企业；二是从兵团成立到兵团被撤销建制前，这段时期，兵团建设了大批国营农场和国有工业企业；三是兵团恢复建制至今，一方面，地方移交回归的部分企业和新建的国有企业，另一方面，国有企业、国营农场的改革不断深化。

3.1.2.1　兵团国有资产的最初奠基（1950.1~1952.12）

1949年12月，毛泽东在《关于1950年军队生产建设工作的指示》中明确指出："人民解放军不仅是一支国防军，而且是一支生产军。"要积极参加生产，"借以协同全国人民克服长期战争所遗留下来的困难，加速新民主主义的经济建设"。[①] 在这一精神指导下，1950年1月，新疆军区动员所部19.3万人，除其中20%的机关业务和担任警备任务的部队外，其余都投入农业和手工业生产。[②] 随后，除国防和剿匪部队外，11万解放军官兵按师、团布点，就地驻防，就地屯垦，掀起了大生产运动。1950年年底，大生产运动取得了可喜的成绩。全军开荒96万亩，播种83万亩，收获粮食3.29万吨，棉花37.9万公斤，油料186.5万公斤，瓜菜2254.5万公斤，造林1065万亩。

从1951年1月起，新疆军区制定并实施三年（1950~1952年）建设计划，对工业、农业和畜牧业做了全面规划，到1952年年底，农业取得了更大的成绩，耕地面积由1950年的83万亩增加到162万亩，粮食生产10万吨，棉花334.5万公斤，油料500万公斤，主副都达到了全年自给。[③] 农牧业生产的显著成绩，受到毛泽东、朱德的高度赞扬，并作为经验向全军推广。而在1952年2月，毛泽东根据军队参加生产建设的经验，发布了《人民革命军事委员会命令》，号召全体人民解放军指战员"站在国防的最前线，经济建设的最前线协同全国人民，为独立、自由、繁荣、富强的新中国而继续奋斗"。为此，批准中国人民解放军部分部队改编为生产部队。据毛泽东的这一命令，时任中共中央新疆分局第一书记和新疆军区代司令员政委的王震（和后来接任王震职务的王恩茂）所部新疆军区

---

① 新疆生产建设兵团史志编撰委员会：《新疆生产建设兵团史料选辑》（第1辑），新疆人民出版社1991年版，第24页。
② 厉声等：《中国新疆历史与现状》，新疆人民出版社2009年版，第274页。
③ 王利中、岳廷俊：《新疆生产建设兵团工业简史》，新疆大学出版社2007年版，第17页。

生产部队 10.55 万人编为 10 个农业师、1 个建筑工程师，并成立了新疆军区生产管理部，直接管辖农业生产和工程建设部队。

大生产运动中农业的迅速发展，不仅使解放军驻疆部队解决了最为紧迫的军粮问题，而且积累了部分资金，从而有精力来兴办现代工业。大生产运动的展开，为现代工业兴办提供了必要的经济基础。从 1951 年起，按照边计划，边修改，边建设的原则，新疆军区开始大规模创办现代工矿业，初步建立起一套比较完整的工业体系，涌现出一大批如新疆八一钢铁厂、六道湾露天煤矿、水磨沟火电厂、迪化北郊苇湖梁火电厂、迪化乌拉泊水电厂、新疆机器厂、十月汽车修配厂、迪化卡子湾砖灰厂、新疆第一水泥厂、新疆七一棉纺织厂、新疆军区皮革厂、八一面粉厂等现代工矿企业。据统计，1952～1954 年新疆军区工业总投资 1 亿多元（新币），共创办了工业企业 87 个，其中重工业 35 个，轻工业 52 个，大中型工矿企业 12 个。① 这批新型工业的产生，为新疆各族人民提供了所需要的生产生活资料，提高和改善了各族人民的生活水平，推动了各项生产事业的迅猛发展。

但是，由于领导干部急于求成，运动中也发生了一些缺点和错误。为了纠正这些错误，中共中央在 1952 年 10 月 23 日发出了《关于整顿新疆财经工作的指示》②，命令新疆军区调整收缩生产建设，要求部队创办的 19 个单位（如表 3－2 所示）25 个现代化大中型工矿企业连同设备、人员和资财，全部无偿移交地方政府，并将部队开垦的 41 万亩荒地赠送给农民，致使解放军生产部队从此没有了现代大工业，驻疆部队只剩下 34 个磨面、榨油、轧花、被服、铁木工等手工作坊式小工厂和小煤窑，年工副业总产值只有 1500 多万元，农业播种面积也从 1952 年的 162 万多亩减少到 1953 年的 92.53 万亩。③

---

① 王利中、岳廷俊：《新疆生产建设兵团工业简史》，新疆大学出版社 2007 年版，第 34 页。
② 1952 年 6 月中共中央为了解决错误，在北京召开了中共中央新疆分局常委会议，会上对解放军驻疆部队做了一些错误的评价。1952 年 7 月 15 日至 8 月 5 日，为了贯彻北京会议精神，西北局、新疆分局召开中国共产党新疆省第二届代表会议，会议不适当地夸大了新疆工作中的错误。这直接导致中共中央于 1952 年 10 月 23 日，发出了《关于整顿新疆财经工作的指示》，提出"对部队和地方举办的各项工矿、交通和水利工程进行检查和整顿"，其原则是："办得完全对的继续办好，该缩减的妥善缩减，该缓办的缓办，该停办的停办，必须按照基本建设程序办。"
③ 王利中、岳廷俊：《新疆生产建设兵团工业简史》，新疆大学出版社 2007 年版，第 57 页。

表3-2　　　　　　　　移交地方政府的军区工矿企业情况

企业名称	移交时间	总投资（万元）	备注
十月汽车修配厂	1952	1010.10	
七一棉纺织厂	1952	1581.20	
乌拉泊水电厂	1952	502.10	
水磨沟火电厂	1952	173.50	
苇湖梁火电厂	1952	202.60	
新疆水泥厂	1952	82.40	
新疆水泥二厂	1952	128.00	
新疆机器厂	1952	194.10	
八一钢铁厂	1952	2338.90	
六道湾煤矿	1952	196.70	除上述19厂矿外，
新疆八一面粉厂	1952	76.60	还移交了6个附属厂
乌鲁木齐陶瓷厂	1952	8.80	和迪化电管局
羊毛肠衣厂	1952	55.22	
喀什八一面粉厂	1955	77.90	
喀什陶瓷厂	1955	2.42	
喀什农具厂	1955	62.37	
乌恰煤矿	1955	17.00	
喀什印刷厂	1955	9.67	
喀什水电厂	1955	154.80	
合计	19（个）	6894.33	

资料来源：1953年1月24日"军区移交政府厂矿生产劳动概况报告"和"1949～1957年兵团生产建设统计汇编"。

3.1.2.2　建设正规化国营农场和现代化的大工业企业（1954.12～1975.3）

1954年兵团成立，随之而来的是生产事业也进入正规化的农场建设阶段。根据国家要求——新疆农业充分利用自然条件的优势，大力发展棉花生产，建立棉花基地，兵团制定了第一个五年计划，并提出要"以发展农业为中心，以水利建设为先行，以北疆地区为重点，逐渐扩大耕地面积，迅速扩大棉花生产，不断提高机械化程度，提高单位面积产量，积极建设正规化国营农场，同时相应地发展畜牧业、加工业、交通运输业、建筑和商业。以集体机械化生产的优越性向农民示范，促进社会主义农业改造"。"一五"计划时期，兵团将经济建设重点放在农业上，同时，与农业紧密相关的加工副业得到了较快发展。1957年，全兵团加工副业厂矿由1952年的34个增加到114个，工业总产值（按1952年不变价格）达10357万元，比1952年增长了6倍，1955～1957年，厂矿上缴利润2247.98万元（1954年以前及供给制未计盈亏），相当于第一个五年计划期间兵团加工副业基本建设总投资的156%。① 随着农业的发展，机械化耕作水平的提高，迫切需要发展直接为它服务的工业，因此，1955年，在苏联专家帮助下，兵团在农一师沙井子、农二师焉耆、农六师梧桐镇、七师下野地、农八师石河子建立了5座拖拉机修配厂，1956～1957年又在农七师乌苏柳沟和农四师伊宁修建了2座拖拉机修配厂。此外，还有运输处、合作社、农十师、二十八团和农十团等修理厂，机械工业也得到了发展。围绕"为农业生产服务"这一中心，积极稳妥的发展工业，兵团工业得到了初步发展。

1957年，兵团"一五"计划完成时，农牧团场总数②达到59个（农场44个），场办工业83个，独立核算工矿企业32个，独立核算运输、工程建筑及商业企业75个。③ 其中，工农业总产值为22871万元，比1954年增长1.54倍；耕地面积达到337万亩，比1954年扩大1.9倍，为计划的146%；播种面积221万亩，比1954年扩大1.49倍。另外，粮食总产则达到12241万公斤，棉花总产达到1085万公斤（皮棉），油料总产达到209.6万公斤，年终牲畜存栏头数742535头，均比1954年有较大增长，而且除棉花外，在其他方面，都超额完成了第一个五年计划。交通运输、建筑工程、合作商业、文教卫生等事业，也有显著的发展。总体来看，该期间，各业盈亏相抵后，盈利总数达2841万元，是第一个五年计划规定指标的113.5%倍，综合经营盈利的实现，为兵团各项事业的大发展奠定了坚实的资本基础。④

随着1958年全国"大跃进"运动的展开，兵团也投入了这场轰轰烈烈的运动中去：开发新垦区，扩大老垦区。1958年，在党的总路线和"大跃进"的新形势下，推进了开发新垦区战略方案的尽快实施。是年，

---

① 《新疆生产建设兵团史料选辑》第11辑，第72页。
② 兵团农牧团场（下称"团场"）：是指兵团师以下的团和农场全称，是由国家投资，在国有土地上建立起来的农业生产单位，团场的土地、森林、矿产、水域以及其他由国家投资产生的资产归国家所有。团场是在上级部门的领导下的独立经营、独立核算的社会主义全民所有制企业，是发展兵团经济社会和履行屯垦戍边职能的基础和主要载体。
③ 《新疆生产建设兵团大事记·1957年》，天山网，2005年10月24日。
④ 《五年计划的总结与未来规划》，中国广播网，2009年1月16日。

兵团党委向全体职工发出了当年垦荒造田 300 万亩的号召，各师立即做了向新垦区大进军和扩大旧垦区的部署，一个垦荒造田和大修水利的高潮在天山南北迅速兴起。从 1958 年到 1960 年，兵团抓住机遇，努力拼搏，经过三年的大力发展，基本上奠定了兵团事业的规模和战略布局。三年累计开荒造田 855 万亩，相当于过去八年的 186%；水利工程建设也取得骄人成就，建成了场外独立引水渠道 58 条，引水能力达到 359 立方米/秒，新建水库 18 座，其中大中型水库 9 座（农一师上游水库、农二师卡拉一库、二库、农七师奎屯水库、黄沟一库、农八师跃进水库、蘑菇湖水库、农十师友谊水库），增加库容 6.5 亿立方米，实增灌溉面积 591 万亩，基本保证了农业灌溉用水。此外，兵团耕地面积也从 1957 年的 337 万亩猛增到 1035 万亩，农场由 59 个增加到 166 个，成绩非常显著。[①] 但由于"大跃进"来势太猛，建场的摊子铺得太大，虽然做了一些前期勘测工作，但未进行全面的流域性规划，采用了"边勘测，边设计，边施工，边生产，边扩大"的建场方针，未按基建程序办事，使许多农场灌排不配套，建筑物不配套，农田、渠、林、路不配套。生产后，地下水位上升，土壤盐渍化不断加重，带来了严重的后遗症，造成生产长期上不去的不利局面。

在工业方面，1958 年，根据党的建设社会主义总路线的要求，新疆维吾尔自治区党委决定把新疆建设成为祖国强大的钢铁、石油、煤炭、有色金属、稀有金属、纺织、制糖等工业基地和植棉基地。在保证重工业优先发展的前提下，工业和农业同时并举；在保证集中领导、全面规划、分工协作的条件下，中央工业和地方工业同时并举，大型企业和中小型企业同时并举，用"两条腿走路"的方法，全党全民大办工业。而在大办工业方针的指导下，根据兵团第二个五年计划的基本方针，本着勤俭办厂、就地生产原料、就地加工、就地消耗、为国家提供商品的原则，从 1958 年起，兵团各垦区、各农场迅速兴起场办工业的热潮。加工副业的建设全面开展，修理业也迅速建立和健全，小煤窑、小水泥、小化肥、小水电、小化工、小糖厂、食品加工厂、综合加工厂等都蓬勃发展起来。仅仅一年的时间，全兵团就增加各类工业企业 110 个，其中还包括机械制造工业、建材业、轻工业和化工产业。此外，由于全国大炼钢铁的原因，兵团也建立了自身的钢铁产业。1958 年，兵团工业总产值达到 18636 万元，占工农业总产值的 57.2%，比 1957 年增长 28.5%。1959 年又兴建工业企业 132 个，

---

① 《开发新垦区，扩大老垦区》，中国广播网，2009 年 1 月 16 日。

全年完成投资总额 6142 万元，超过兵团成立 5 年来的总和。1960 年，兵团工业总投资 7846.56 万元，是 1981 年以前投资最多的一年。

总体来看，1958～1960 年，兵团工业基建投资 1.556 亿元，超过前八年投资的总和 9204 万元，三年内建成工业厂房 44.885 万平方米，兵团新建国有现代化企业 223 个，这些国有企业的建立和发展，如表 3－3 所示，使得兵团国有资产总量大幅提升。

表 3－3　　　　　　1958～1960 年兵团工业企业大发展情况　　　　单位：个

项目	1957 年	1958 年	1959 年	1960 年	1960 年比 1957 年增长（%）
全兵团国有企业数	115	215	331	348	303
其中：冶金工业	0	12	7	8	—
轻工业及食品工业	61	103	142	139	228
纺织工业	23	19	31	33	144
煤炭工业	12	21	29	29	249
建材、非金属工业	3	12	46	50	1667
机械工业	12	20	30	41	342
电力工业	0	1	3	3	—
化学工业	0	4	22	22	—

资料来源：王利中、岳廷俊著：《新疆生产建设兵团工业简史》，新疆大学出版社 2007 年版，第 103 页（因文献所限部分数据缺失）。

然而在这一时期，由于受到"左"倾错误指导思想的影响，兵团工业大发展中也存在着基建战线拉得过长、"一松、两高、三低"（即企业管理松弛；原材料消耗高，成本高；劳动生产率低，设备利用率低，产品质量低）等问题和失误，因此，到 1961 年，兵团工业已经没有发展后劲，不得不调整整顿，放慢速度，提高质量，以巩固成果，至此，兵团工业"大跃进"也宣告结束。

1962 年，在党中央"调整、巩固、充实、提高"八字方针的指引下，兵团党委召开一系列会议，决心纠正"大跃进"中的错误，把工业工作转移到以农业为中心的轨道上来。在此基础上，兵团压缩了一些基建项目，关、停、并、转了一些成本高、条件差的企业[①]。同时，为了加强边防建设，兵团根据党中央和自治区党委的指示，从 1962 年起重点开始筹建边

———————

①　后随着兵团经济的恢复，1964～1966 年，这些被压缩和缓建的工业基建项目重新上马。

境团场。7 月初，兵团有计划地在边境一带建立了 32 个边境团场，以后又发展到 58 个，另外，兵团还集中力量对边境团场进行了规划建设，推进了以农业机耕为主的农林牧副渔业的全面发展。到 1966 年，兵团农牧团场总数达到 158 个，耕地面积达 80.9 万公顷，粮、棉、油、甜产量分别占新疆的 21.7%、31.4%、16.8% 和 90.5%。在发展农业生产的同时，兵团也大力开展了样板团场的建设活动，"大搞科学试验，建立稳产高产田，建设五好（好条田、好林带、好渠道、好道路、好居民点）连队"是当时团场建设的生动写照，这不仅推动了兵团农业向现代化农业的迈进，而且为新疆及全国农业的发展做出了典范。而在"调整、巩固、充实、提高"八字方针的指引下，兵团的工业也在稳定中取得一定的发展，截至 1966 年，兵团共拥有国有工业企业 297 个，形成了以轻工、纺织为主，钢铁、煤炭、建材、力、化工、机械等门类较为多的工业体系，轻工、食品、化工和非金属矿产品更是在自治区占有重要地位，主要工业品如纱、糖、原煤和水泥产量分别占新疆的 36.6%、99.5%、53.1% 和 33.5%，有的工业产品还远销国外，为整个新疆维吾尔自治区现代工业的发展奠定了坚实基础。

　　但是，由于在"文化大革命"期间，兵团工农业生产遭到严重破坏，生产连年下降，财务亏损也逐年增加，进而使得兵团经济濒于崩溃边缘。从具体数字上来看，"文革"开始后的八年间，兵团工农业净亏损 3.14 亿元，是全国农垦系统的亏损大户，也成为国家的沉重负担。因此在 1975 年 1 月 3 日，新疆维吾尔自治区党委和新疆军区党委联合给中共中央、中央军委上报了《关于加强党的一元化领导，改变生产建设兵团体制的请示报告》。3 月 25 日，中共中央、中央军委以中发［1975］11 号文件批转了自治区党委和军区党委的报告，同意撤销兵团体制，并提出要成立新疆维吾尔自治区农垦总局。该文件同时规定，新疆维吾尔自治区农垦总局主管全疆国营农场的业务工作。原兵团各师机关并入所在地（州）机关，成立地（州）农垦局，主管本地（州）范围内的国营农牧团（场）的工作。在该文件的指示下，同年 5 月 24 日，自治区党委任命了新疆维吾尔自治区农垦总局的领导班子，各地州农垦局也相继成立。这样新疆农垦体制就建立起来了。此外，该文件同时还规定，除农牧团场留给农垦系统外（农垦系统只剩下附属于农牧团场的工副业，主要是农产品加工工业），其他企事业全部移交自治区有关部门。因此从 1975 年 5 月底开始，在农垦局和自治区之间展开全面的移交工作。在这次移交中，原兵团共 490 个工矿

企业交给了地方，其中独立核算企业 134 个，非独立核算企业 356 个。然而在移交后，结合着其他一些因素，这一时期农牧团场的处境变得非常困难。1975～1977 年，农垦系统生产持续下降，亏损剧增，三年间农牧团场亏损总额达 6.6 亿多元，1974～1977 年更是成为新疆农垦史上亏损最严重的四年。在此背景下，1978 年 9 月 13 日，自治区党委、自治区革命委员会发出《关于加强党对国营农场的领导，改善管理体制的通知》，对农垦系统的体制进行了调整，并明确规定，新疆农垦总局受新疆维吾尔自治区国家农垦总局双重领导，以自治区为主，统一主管全区国营农场计划、生产、财务、投资、物资、劳动工资、产品、人员调动等工作。该通知还决定将原兵团各师移交地方的运输公司均交回地州农垦局，承物资运输任务；除 51 个大型工矿企业外，将原兵团其余工矿企业全部交还农垦系统，如表 3－4 所示；将原兵团所属农牧团场和 44 个地方国营农场划归农垦总局统一管理；同时调整、充实各级领导班子。至此，农垦经济开拓出现转机。在 1979～1981 年间，农垦系统工农业总产值平均年增长 11.2%，粮食总产由 3128 亿公斤上升到 43.35 亿公斤，增产 38.6%，棉花总产也由 1.26 万吨上升到 5.25 万吨，净增 3.16 倍，扭转了 1967 年以来的亏损局面，并实现总利润 2114 万元。

表 3－4　　　　　　　　1975 年兵团工业移交地方情况

项目	合计（个）	独立核算企业		非独立核算企业	
		交地、州、市（局）（个）	产值（万元）	交地、州、市（局）（个）	产值（万元）
总计	490	134	43478.36	356	—
农一师	34	8	2478.94	26	—
农二师	47	14	3051.27	33	—
农三师	31	4	80.92	27	—
农四师	36	14	1406.10	22	—
农五师	20	4	144.33	16	—
农六师	50	10	3651.01	40	—
农七师	59	18	4707.22	41	—
农八师	79	8	6980.68	71	—
农九师	30	5	342.02	25	—
农十师	40	6	399.36	34	—
工一师	22	10	3567.70	12	—

续表

项目	合计（个）	独立核算企业		非独立核算企业	
		交地、州、市（局）（个）	产值（万元）	交地、州、市（局）（个）	产值（万元）
留守处	5	5	2627.70	—	—
哈管局	13	7	782.1	6	—
石指	6	5	7177.64	1	—
兵直	2	2	501.77	—	—
兵后勤	7	6	4155.30	1	—
非金属公司	8	8	1424.19	—	—
铁路指挥部	1	—	—	1	—

资料来源：王利中、岳廷俊：《新疆生产建设兵团工业简史》，新疆大学出版社 2007 年版，第 168 页（因文献资料所限部分数据缺失）。

3.1.2.3　兵团国有资产的保值增值（1981 年至今）

1981 年，时任中央政治局委员、中央军委常委、国务院副总理的王震向主持军委工作的邓小平提出恢复兵团的建议。① 当年 8 月中旬，邓小平在王震、王任重的陪同下，亲赴新疆考察，听取各方意见。同年 12 月 3 日，党中央、国务院、中央军委联合发出了《关于恢复新疆生产建设兵团的决定》，并将恢复后的兵团划归农业部直接管理。新疆生产建设兵团恢复，是兵团在新的历史发展时期新的转点。伴随着兵团重新开始的"第二次创业"，兵团的国有资产也进入保值增值的发展时期。

（1）国有农业企业（农牧团场）改革向纵深推进，实力不断增强。

兵团恢复建制时，我国的经济体制改革已经开始从农村起步，兵团作为主要从事农业的国营农场，很快加入到这个行列中来。从 1982 年起，兵团在团场全面推行了"一主两翼"（即以职工家庭承包，兴办家庭农场为主体，以职工开发性家庭农场和发职工庭院经济为两翼）为主要内容的改革，师及团场在生产管理上打破班、排、连、营管理体制和等级工资制，实行独户、联户或联劳等多种联产承包责任制，初步解决了职工吃团场"大锅饭"的问题，40 多万团场农工告别了实行多年的等级工资制，

---

① 兵团撤销后，屯垦戍边、发展经济、维护民族团结和新疆稳定的特殊作用明显削弱，加上政策的失误，南疆的喀什、阿克苏地区多次发生群众闹事、民族纠纷，甚至是反革命暴乱事件，直接威胁着我国国防安全和国家的统一。因此，尽快恢复兵团，就成了发展新疆经济、维护边疆长治久安的迫切需要。

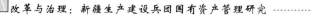

打破了"铁饭碗"。

1988 年，农牧团场在实行家庭承包经营责任制的基础上，进一步放权让利，推行两费自理（生活费和生产费自理）、租赁经营为主要内容的土地经营制度改革。172 个农牧团场中的 159 个与师签订承包合同，由原来的主要依靠行政命令和指令性计划直接管理的方式，变为通过签订承包合同，明确各自责权利的间接调控管理方式，调整了兵团、师（局）与下属企业的关系，使企业成为独立法人、资本和市场经营主体。

党的十四大确立了我国建立社会主义市场经济体制目标后，兵团农牧团场先后进行了两次较大改革，出台了《关于进一步加快农牧团场改革与发展的决定》和《关于深化团场改革的意见》（"1 + 3"文件），初步建立了以"土地承包经营，产权明晰到户，农资集中采供，产品订单收购"为主要内容的团场基本经营制度。2004 年以后，兵团以转变职能、理顺关系为落脚点，实施中心团场组建工作和撤消团场营级建制，组建了 33 个中心团场，营部和分场基本上微撤销，合并 600 多个连队。通过团场机构的改革，避免了一些不必要的重复建设，减轻了职工负担，促进了团场经济和社会资源有效整合。2009 年年底，兵团颁布了《新疆生产建设兵团团场章程》，进一步明确了团场的性质地位，从制度上解决了一系列带有全局性、根本性的重大问题，成为兵团改革发展进程中一次重要突破。

改革推动了兵团农业和团场经济的大发展。兵团恢复以来，从 1981年至 2009 年，农业总产值由 8.78 亿元增加到 433 亿元，增长 49 倍。三次产业结构由 45：38：17 调整为 34：34：33。大农业内部结构和作物布局也进一步得到优化，特色经济作物快速发展，种植业比重由 82.2% 调整到77.5%。果蔬园艺业中名优特水果、番茄、辣椒、制种作物等以市场为导向，种植面积不断扩大。特别是农业产业化"6221"工程项目实施后，农业综合生产能力明显提高，建成全国最大的商品棉基地。棉花总产量由7.2 万吨提高到 113.4 万吨，粮食总产量由 91.3 万吨提高到 211.7 万吨，水果产量由 3.0 万吨提高到 103.1 万吨。已建成全国最大的节水灌溉基地，高新节水灌溉面积从无到有达到 979.4 万亩，团场综合实力大幅提升。到 2009 年，各师经济实现生产总值 489 亿元，占全兵团生产总值的80.2%。2009 年兵团国有农牧团场分布情况见图 3 - 1 所示。

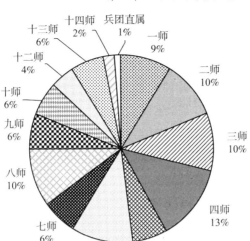

图 3 - 1 2009 年兵团国有农牧团场分布情况

资料来源：根据《新疆生产建设兵团统计年鉴（2010）》提供数据统计。

（2）国有工交建商企业的改革和发展。

1987 年开始，兵团在企业领域全面地推进了承包经营责任制，力图通过逐步改革和扩大企业自主权，来提高企业素质和经济效益。到 1988 年年底，全兵团 123 个独立核算工业企业中，实行承包经营的有 110 个，占总数的 89.43%；22 个大中型企业实行承包经营的 17 个，占总数的 77.3%。① 此外，在该年，兵团企业单位数达到 1306 个（国有和集体总和），比 1982 年增加了近 82%，工业总产值也达到 209845.7 万元（按 1988 年不变价格计算），比 1982 年增长了近 11%，国有独立核算工业企业利润总额达 11636 万元，比 1982 年增长了近两倍，资产总额达 126142 万元，比 1982 年增长了 179%。②

1993 年后，随着市场经济体制改革在全国的落实，兵团企业改革也逐渐由政策调整向制度创新的方向转变，进入了建立现代企业制度的新阶段。具体来看，国有大中型企业推行了资产重组，进行了公司制改制和组建企业集团，其中，八一毛纺厂成为兵团第一个现代企业制度试点单位，

---

① 《新疆生产建设兵团工业志·交通志》，新疆人民出版社 1995 年版，第 306 页。
② 王利中、岳廷俊：《新疆生产建设兵团工业简史》，新疆大学出版社 2007 年版，第 211 页。

该厂改组为多元股东的股份有限公司，按《公司法》组成由股东大会、董事会、监事会和经理层组成的规范的法人治理结构；中小型企业则通过采取联合、兼并、承包经营、出售、破产等形式，在产权转让和产权交易上取得了突破，中小企业通过公司制、股份合作制、兼并、租赁等形式的改革后，在全兵团实行股份制的企业达到 222 家，其中股份公司 4 家，有限责任公司 218 家，实行国有民营的工交建商企业 251 家（其中租赁占 66%，承包占 34%），企业兼并 25 家，破产 13 家。这一时期，兵团也开始了"抓大放小"的初步改革，在工、交、建、商等行业中组建了 17 个企业集团。此外，兵团也开始着手解决长期存在的企业办社会这一问题，逐步开始分离企业的社会职能。①

1997 年 10 月，党中央和国务院决定进一步加强兵团工作，兵团则获得了对外可组建中国新建集团公司，享受国家大型企业集团试点的各项优惠政策。1999 年，根据中共中央十五届四中全会提出的"积极发展大型企业和企业集团，放开搞活中小企业"的要求，兵团继续坚持以企业制度创新为目标，深化国有企业的改革，推动"抓大放小"政策的落实，对国有经济进行了流动重组。从 1997～2000 年年底，兵团 142 个国有独立核算工业企业中的 98 个进行了不同形式的改制，改制面达 69%，其中兼并 18 个，破产 32 个，建立股份有限公司 6 个，有限责任公司 29 个，股份合作制 7 个，出售企业 1 个。而 50 个大中型工业企业中，改制企业也达到 35 个，改制面达 70%，其中股份有限公司 6 个，有限责任公司 20 个，破产企业 7 个，被兼并企业 2 个。截至 2000 年，兵团共有 16 个大中型企业初步建立了现代企业制度，占 50 个大中型企业的 32%。并建立以有限任公司和股份公司为主要形式的中大型企业 6 个，中型企业 10 个，在企业的产权结构上初步实现了投资主体多元化，并在企业内部基本建立了法人治理结构。② 在此基础上，2001 年，兵团又出台了《关于加快兵团工交建商企业改革与发展的意见》（"1＋8"文件）。以加快国有企业改组制步伐，推进公司制和股份制改造，建立和规范企业的法人治理结构，在"1＋8"文件的推动下，兵团国有资产管理体制改革得到深入推进，国有资产保值增值责任得到层层落实，进而极大地激发了国有企业改革的动力和发展的活力。特别是 2005 年兵团党委工业工作会议通过"工业强兵团"新型工业化战略以来，兵团加快实施了资源优势转换战略，并

---

① 王利中、岳廷俊：《新疆生产建设兵团工业简史》，新疆大学出版社 2007 年版，第 244 页。
② 王利中、岳廷俊：《新疆生产建设兵团工业简史》，新疆大学出版社 2007 年版，第 259 页。

积极调整经济结构，使得多数大中型国有及国有控股企业初步建立起了现代企业制度，并形成了一批竞争力强、发展前景好、在兵团经济发展中起骨干作用的大企业、集团，与此同时，一些劣势企业则通过破产、重组逐步退出了市场。具体来看：

国有企业围绕做强做大主业，积极开展调整重组、缩短管理链条、改制分离辅业等活动，使企业发展呈现新的活力。2009年年底，在规模以上工业企业中，国有及国有控股企业数量达到191家。在农业方面，国有农、林、牧、渔团场总数也达175个。另外，通过以实施重大项目为突破口，国有及国有控股工业企业实力也不断壮大。

公司制改造步伐不断加快，股权结构逐渐呈现多元化趋势。截至2007年年底，兵团预算内工交建商企业改制面就已达到80%以上，其中师属工业企业改制业达到90%以上，国有独立核算工业企业则全部进行了改制，具体来看，如图3-2所示，截至2009年，兵团国有建筑企业及国有交通运输业就分别从上一年的134个和10个下降到115个和4个，如图3-3和图3-4所示。而且在2009年，兵团上市公司也达到14家，其中13家A股上市，1家H股上市，A股上市公司合计实现营业收入169.9亿元，净利润6.84亿元，占其国有及国有控股企业实现利润总额的72.5%，如图3-5所示。[①]

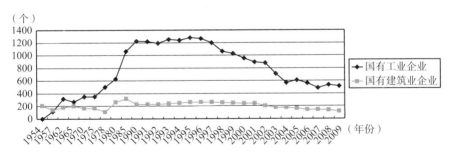

图3-2　1954年以来兵团国有工业企业及国有建筑业企业数量变动情况

资料来源：根据《新疆生产建设兵团统计年鉴（2010）》提供数据统计。

---

① http：//www.sdpc.gov.cn/dqjj/qyzc/t20101028_377807.htm.

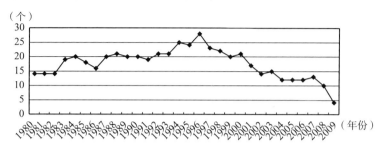

图 3 - 3　1980 年以来兵团国有交通运输业企业数量变动情况

资料来源：根据《新疆生产建设兵团统计年鉴（2010）》提供数据统计。

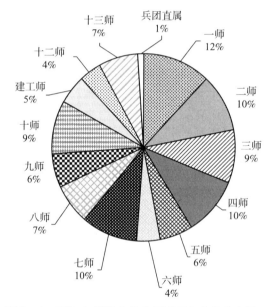

图 3 - 4　2009 年兵团建筑业领域国有企业分布情况

资料来源：根据《新疆生产建设兵团统计年鉴（2010）》提供数据统计。

表 3 - 5　　　　　　　　　新疆生产建设兵团上市公司一览

代码	简称	主营业务
000972	新中基	农业种植、番茄、棉花加工
6000540	新赛股份	农作物种植、棉花加工、农作物种子生产及销售
600075	新疆天业	塑料制品、化工产品的生产和销售、干鲜果品的销售
600251	冠农股份	果业种植、仓储、加工及销售
600425	青松化建	建筑材料、工业用氧气、无机酸、磷肥、复合肥、电力的生产经营

续表

代码	简称	主营业务
600197	伊力特	白酒生产和销售
600509	天富热电	火电、水电、供电、供热、发、送变电设备安装
600359	新农开发	农业种植、农产品、畜产品的生产、种子的生产及销售
002307	北新路桥	公路工程总承包
600721	ST百花	煤化工、机电产品、百货
600419	ST天宏	造纸、纸制品及纸料加工、销售，化工产品（有毒除外）、印刷物资的销售
002100	天康生物	兽药销售、猪禽饲料
600084	ST中葡	葡萄的种植、葡萄酒的生产加工和销售
00840 – HK	天业节水	设计、制造及销售滴灌膜、PVC/PE管及用于节水灌溉系统的滴灌配件，节水灌溉系统安装

资料来源：根据上海证券交易网整理归纳。

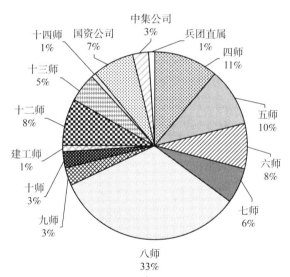

图3－5　2009年兵团规模以上工业中国有及国有控股企业分布情况

资料来源：根据《新疆生产建设兵团统计年鉴（2010）》提供数据统计。

产权单一的纯国有企业比重下降，产权多元化的国有控股企业比重上升，但国有经济仍然占据对国民经济重要领域和关键部门的控制和支配地位，并主要集中分布在基础性行业，资源垄断性较高行业及一些资金技术密集型行业，如纺织业、食品医药业、塑料化工工业、能源矿业、建材工业、农用装备制造业等支柱行业。

3.2 特殊经济体制下的国有资产管理体制变迁

3.2.1 产权改革前兵团国有资产管理体制的变迁历程

从现实来看，由于兵团地处我国西部边陲地区，而且自身还具有党政军企合一的特殊体制，因此兵团的改革相对于我国中东部地区相对滞后（从改革的初步实施来看，大约晚了两年），改革开放前，兵团完全实施的是计划经济体制，而且对国有资产完全实行的是计划管理。而从该期间兵团国有经济的发展历程来看，在整个计划经济体制的框架下，兵团国有资产管理体制大体上经历了三次变迁，包括 1954～1975 年的兵团计划管理；1975～1978 年的地方政府与农垦部门分开管理；以及 1978～1981 年的农垦计划管理。

3.2.1.1 兵团计划管理阶段（1954～1975 年）

从兵团国有经济的形成和发展角度来看，这一时期属于兵团建设正规化国营农场和现代化的大工业企业阶段，兵团农牧团场、工业以及水利及运输业都取得了一定的发展。但是由于兵团刚刚成立，并处于经济建设的初期，因此为满足早期的全面发展农牧团场和发展工业的需要，以及保证随后"调整、巩固、充实、提高"方针的全面落实，这一时期，国家授权兵团行政机构代行国有资产产权主体的管理职能，集所有者、管理者和经营者于一身，国有资产也完全接受兵团的统一调动，而且形成的国有资产基本被全部用于新的经济建设之中。

这种管理体制，在建设初期艰苦的条件下，为集中人力、物力、财力进行大规模建设，为兵团的发展起到了积极的作用，为"屯垦戍边"事业做出了卓越的贡献，创造了兵团第一次辉煌。但是其历史局限性也十分明显，如所有权和经营权不分离，产权无法明晰，资产国家所有及国家直接经营的模式，随着国有经济规模的扩大，弊病日益凸显；国有资产无偿划拨制度，排斥商品经济的发展等，极大地阻滞了兵团经济的发展和企业改革的进程，导致兵团的经济实力在自治区中的份额日渐萎缩，亏损严重，加重了国家的负担，也严重削弱和影响了兵团地位及作用的发挥，这成为1975年兵团建制被撤销的重要原因之一。

3.2.1.2 地方政府部门与农垦部门分开管理阶段（1975～1978年）

随着兵团建制被撤销，继而被新疆维吾尔自治区农垦总局取代后，由于兵团广泛地分布于新疆的各个地区，并结合前期兵团偏工业、轻农业的经济建设实践，这一时期，国家将兵团前期所建立的企业全部划归给自治区地方政府，并由地方政府统一管理和调动，而只将农牧团场和国营农场划归自治区农垦总局统一管理，试图通过这种分开式的计划管理，一方面保证国有企业的营运效率，另一方面又使农垦总局专门从事农业的生产经营活动，以此来推动农牧团场和国营农场的快速发展。农垦总局对所辖农场实行"独立核算、自负盈亏、有利自留、亏损不补、资金有偿使用"的财务管理办法。农牧团场普遍对职工实行了以"三定一奖"为内容的生产责任制。在分配上实行了工资浮动、联产计奖等办法。与此同时，还进行了以农工商综合经营为主要内容的产业结构调整。

3.2.1.3 农垦计划管理阶段（1978～1981年）

对企业和农牧团场、国营农场实行分开管理后，国有企业的经营效率较前期有所改进，但是农牧团场和国营农场并没有取得快速发展。由于农垦总局属于自治区人民政府领导下的一个工作部门，兵、师两级机关改为总局和分局后，对农牧团场拥有的管理权有限，无解决实际问题的能力和权力，各团场所属的工交单位又与团场农业生产相分离，在发展农牧团场和国营农场的进程中，农垦部门受到了资金和原料上的限制，造成团场整体生产力水平下降。体制的不顺，管理混乱，生产水平下降，经济效益十分低下，原以为撤消兵团体制能够改变兵团经济亏损的状况，结果事与愿违，造成了更大的损失。

1978年下半年，自治区党委和自治区革命委员会又决定将原有兵团建立的企业划归给农垦总局统一管理，并接受农垦总局的统一调动和安排，力图在统一的管理模式下，为农垦系统的农牧团场和国营农场的建设和发展提供资金和原材料上的保障。1979年，新疆垦区的物资，正式恢复了由国务院农垦总局主管和直接供应的体制，这疏通了新疆农垦的物资供应渠道，保证了农业生产资料的供应。1980年，新建农垦总局贯彻农垦部的"调整、改革、整顿、提高"八字方针对国有经济（主要是工业经济）进

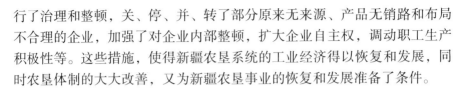

行了治理和整顿，关、停、并、转了部分原来无来源、产品无销路和布局不合理的企业，加强了对企业内部整顿，扩大企业自主权，调动职工生产积极性等。这些措施，使得新疆农垦系统的工业经济得以恢复和发展，同时农垦体制的大大改善，又为新疆农垦事业的恢复和发展准备了条件。

3.2.2 产权改革实施后兵团国有资产管理体制的变迁历程

从兵团经济的发展角度来看，这一时期属于兵团国有经济发展和不断深化改革相结合的阶段，同时也属于兵团国有资产的保值和增值阶段。而从具体的阶段上来看，1993 年市场经济实施以前，兵团基本上仍然实施的是计划经济政策，并于 1993 年后，逐步开始落实市场经济体制。总体来看，1981 年至今，兵团国有资产管理体制大体上也经历了四个阶段的变迁：1981 ~ 1987 年的兵团计划管理体制；1988 ~ 1992 年计划导向下的兵团国有资产管理局统一管理体制；1993 ~ 2001 年市场导向下的兵团国有资产管理局统一管理体制；2001 年至今的新国有资产管理体制。

3.2.2.1 兵团计划管理体制阶段（1981 ~ 1987 年）

1981 年，兵团建制恢复后，虽然伴随着改革开放在东部地区的实施，1982 年起，兵团也在团场实行了"一主两翼"的改革，并从兵团一级向师一级初步下放了自主权，但由于特殊的体制以及处于我国的最西部，因此兵团的改革较中东部地区滞后，在 1988 年之前的兵团，以行政指令为主导的计划经济体制并没有被动摇，因此在这一时期，对于国有企业及国营农场的管理，特别是对国有资产的调用和安排，主要还是依靠兵团一级的行政指令，从历史的角度来看，这一阶段，兵团国有资产管理体制与前一阶段的农垦总局计划管理相类似。

3.2.2.2 计划导向下的兵团国有资产管理局统一管理体制（1988 ~ 1992 年）

借鉴其他地区国有企业改革的经验，1987 年，兵团在工商业及农业企业领域初步进行了以企业承包制为主要特征的放权让利的探索，并在 1988 年后逐步扩大企业自主权。另外，由于自身具有党政合一的特殊属性，1988 年后，借鉴国有企业改革的经验，兵团在农牧团场和国营农场也实行了团场企业的承包制，确保在企业和团场完成兵团规定指标的条件下，自主经营和管理国有企业、国营农场和农牧团场，进而来提高企业和团场经营主体的积极性。而为了在放权让利的同时更好的监督师、团一级的行为。1988 年，在国家和其他省市陆续建立国有资产管理局的大背景下，兵团也建立了自身的国有资产管理局，专职管理国有资产，但由于该时期的兵团主要还是以计划经济为导向，结合着国有资产管理局职能和部门的设置的不到位，因此在该时期，对于国有资产的管理，虽然提出了保值增值等目标，但在具体的管理进程中，却带有明显的行政部门和师（团）本位主义的色彩。

3.2.2.3 市场导向下的兵团国有资产管理局统一管理体制（1993～2001 年）

随着市场经济体制改革在我国的实施和全面落实，为推进国家市场经济改革步伐，满足改革的需要，提高企业及团场的生产经营积极性，改善企业和团场的效率，1993 年后，兵团进一步开展了放权让利活动，提高企业及团场的自主权。另外，通过所有制结构的改革，兵团的多数企业所有制结构已经发生改变（虽然公有制仍占据主体地位），为了与这种所有制结构相配套，并推进所有制改革的不断深化，兵团逐步取消了计划指令，逐步将生产经营自主权向企业和团场一级下放，在此背景下，兵团国有资产管理局的独立性也得到增强，并更加注重以市场为导向、以保值增值为目的来对国有资产进行管理。

3.2.2.4 新国有资产管理体系阶段（2001 年至今）

随着市场经济体制改革的不断深化，兵团经济体制改革也在不断深化，政府的职能也从参与者、管制者向提供服务者的方向转变。另外，通过前期的产权结构改革，在国有企业内部，建立了以股份制为主要特征的现代企业制度，而农牧团场也改变了生产经营上的计划行政指令，统分结合的双层经营体制的形成，使团场和职工的自主权都获得了提高，农业的生产也更加注重以市场为导向。与此同时，国有企业，农牧团场的规模也在不断增大，国有资产总量也大大提高。

在此背景下，仅靠国有资产管理局来管理和监督国有资产已经难以适应经济发展的需要，因此，借鉴国家及其他地区的实践经验，2001 年 7 月召开的兵团党委四届十次全委（扩大）会议，确立了"二级管理"、"两个体系"和"三个层次"的国有资产管理的新框架："二级管理"，是按照"国家所有，分级管理，授权经营，分工监督"的原则，形成兵、师两级国有资产管理体制；在撤销国有资产管理局后，兵、师分别成立国有资产管理委员会，由兵团国资委代表兵团对各师进行国有资产管理综合授权。"两个体系"即按照行政管理与资本运营相分离的原则，形成国有资产的行政管理和具体经营的两个运作体系。"三个层次"即第一个层次为国有资产管理委员会（下设办公室作为国资委的办事机构和国有资产管理的行政主管部门），兵团国资委作为兵团国有资产所有者的代表，对所属国有资产行使占有、使用、收益、处置四项权利，负责国有资产的管理、监督，研究决策和协调国有资产管理和运营的重大方针、政策，各师在国资委的授权下行使各师国有资产出资者职能，对授权内国有资产的保值、增值向国资委负责（与其他地方的国资委不同，兵团国资委并不是一个实际运作机构，而是代表国家管理兵团国有资产的决策机构，重大决策通过国资委会议做出，日常工作由国资委下设的常设办事机构即国有资产管理办公室负责）。第二层次是国有资产经营公司。国有资产经营公司是由兵、师国资委授权和管理的国有独资有限责任公司，与所属企业是国有资本出资人与被投资企业的关系，不对企业行使行政管理职能，拥有出资人三项权利。第三层次为国有资产运营机构将其拥有的国有资产投入各类企业后，形成的独资公司、控股公司和参股公司。这三类企业依法拥有企业法人财产权，独立开展生产经营活动，并以法人财产权对企业负责。与此同时，兵团还建立了新的国有资产监督管理体制。兵团国资委成立后，先后起草了《兵团国委监管企业重大事项报告制度暂行规定》、《兵团国资委监管企业投资管理暂办法》、《兵团国资委监管企业担保管理暂行办法》、《兵团企业国有资产流失查暂行办法》、《兵团国资委监管企业内部审计暂行办法》、《兵团对师国有资产管工作指导监督实施办法》和《兵团国有及国有控股企业监事会暂行办法》等17个国有资产监督管理规章制度，各师国资委结合实际，在国有资产监督管理体制上进行了有益的探索，建立了适应本师国有资产监督管理的体制，明确了出资人，使产权更加清晰。在此基础上，各师也组建了自身的国有资产经营公司和监管公司，对本师范围内的国有资产进行管理和监督。

3.3 特殊体制下国有资产管理的立足点

以史为鉴，鉴往知来。结合兵团的特殊体制，通过对兵团国有资产管理体制变迁历程的考察，使我们进一步明确了兵团这个独一无二的特殊组织，在进行国有资产管理的过程中，其立足点必须要站在以下几个方面。

3.3.1　要站在历史的高度看待兵团的国有资产管理

新疆生产建设兵团是全国第一个成立的兵团，也是如今唯一存在的兵团。新疆兵团作为一个特殊组织存在是一个历史问题。因此，对于兵团的事业，要放到历史的长河中去看待；对于兵团的改革和发展，要放到国内外形势和新疆工作的大背景、大格局中加以考量。

从人类社会发展的角度来看，新疆生产建设兵团的确是一种绝无仅有的社会组织形式，既是政治组织、经济组织，还是一个准军事组织。在兵团"党政军企"集于一身的定位和特殊的矛盾交织中，"军"字是关键、是根本。中央 17 号文件明确"兵团是一个准军事实体"，是从本质上把握兵团特殊性的统领一切的指导方针和定位坐标。这就决定了在国有企业改革和国有资产管理过程中，一般的、普通的要求和导向是"政企分开"、"军企分开"和"企社分开"对于作为一个整体的兵团来说，不可简单套用和照搬。兵团必须在坚持"党政军企合一"的总体框架下，以"军"为本，来探索理顺兵团各方面的关系，循着国家以兵团屯垦戍边方式低成本地解决边患和分裂主义问题、促进民族团结融合与边疆开发建设的大思路，实事求是地设计和实施可行的管理体制和运行机制。

3.3.2　要正确处理兵团特殊体制与市场机制相结合的关系

兵团的特殊体制，是履行屯垦戍边使命所必需的，在发展过程中也有着独特的优势，但如何正确处理特殊体制和市场机制的关系，是兵团不可回避的重大课题。2007 年，胡锦涛在考察新疆工作时对兵团提出要求：要处理好特殊管理体制和市场机制的关系。新的历史时期，市场经济是大环境，兵团体制不与市场经济接轨是根本不可能，这不但是兵团经济发展的需要，也是创新屯垦戍边模式的需要。

从兵团国有资产管理体制的变迁过程，我们可以看出，兵团围绕着提高兵团经济效益、促进兵团与市场经济接轨的角度进行国有企业改革，已使兵团的形势发生了很大的变化，改善了兵团的生存条件，这是值得肯定的。但是随着市场经济不断地发展，兵团体制的一些深层次矛盾和问题凸显，这些矛盾和问题正成为兵团跨越式发展的瓶颈。因此，兵团要在市场经济中实现新的发展，就必须准确把握和处理好兵团管理体制特殊性和市场机制普遍性的关系，在屯垦戍边实践中服从国家大局与按经济规律办事的关系；坚持特殊管理体制不能变和适应社会主义市场经济必须变的关系，走出一条既具有兵团特色、又符合社会主义市场经济普遍要求的发展道路。①

3.3.3 对国有农业企业（农牧团场）分类管理

兵团的体制的特殊性决定了兵团的国有经济由国有农业企业（农牧团场）和国有工交建商企业两部分构成。而工交建商企业虽然不特殊但多是以从事农副产品加工的企业。因此，农业经济是兵团的经济基础，农牧团场是兵团戍边的根基。

绝大部分兵团团场无论从地区分布、产业组成，还是社会发展来看，都是典型的农村地区，但是国有农牧团场不同于农村。从财产制度基础来看，兵团的农牧团场属于国有经济。因此，农牧团场实施产权改革，不能简单照搬农村通用的同分结合的家庭联产承包责任制，照搬的结果，就会把兵团大农业搞分散、搞垮，本来好的基础就会丢掉，本来具备的优势就会丧失。团场又不同于一般的城市国有企业，它以农业为基础，所以对一般企业的改革措施，也很难照搬到团场。② 因此，在对国有农业企业的管理的时候，必须从兵团农牧团场的实际出发，在履行屯垦戍边历史使命，保持农牧团场性质、任务不变的前提下，因地制宜，建立和完善具有兵团特色的团场基本经营制度及管理的方法。

从国有资产管理的目的来看，国有资产管理要实现提高国有资产的运行效率、保值增值和国有经济的特有社会功能。但是只是简单认为市场经济条件下，兵团要单纯地追求经济利益或只能以经济标准来衡量兵团的工作的观点是错误的。就兵团的边境团场来说，情况是特殊的，其设置是以有利于实现军事目标为原则。由于地区自然条件恶劣，生产、生活条件艰苦，交通落后，经济基础薄弱，边境农场70%都属于贫困团场，而兵团还

---

① 聂卫国：《学习实践科学发展观，为屯垦戍边事业提供有力保证》，新华网，2008年11月26日。
② 张文岳：《关于新疆及兵团经济发展与体制改革的若干思考》，载《新疆农垦经济》1998年第4期。

必须开展赔本的经营活动，以证明这些地区的领土属性。因此，在对这些农牧团场进行管理的时候，就不能用纯粹的成本—收益经济学核算原则来度量，而要突出其国防功能，有必要在税收和财政转移制度方面给予特殊考虑，加大这些团场的基础设施建设，改善团场职工的生产生活条件，稳定职工队伍。在此基础上，充分利用其特殊的地理位置形成的资源优势，突出重点，合理开发利用当地的比较资源优势，将资源优势转变为经济优势。

第 4 章

兵团国有资产管理效率的理论与实证分析

4.1 兵团国有资产管理效率的理论分析

4.1.1 关于国有资产管理效率的理论界定

从物品的属性上来看，国有资产属于一种公共产品，而从哈丁的"公地悲剧"及奥尔森的"集体行动的逻辑"① 来看，如果没有进行合理的产权结构设计，在部门之间、个体之间形成相互依赖、相互制衡的产权关系，那么国有资产管理的效率就无法达到最优，甚至可能出现效率低下的情况。

从委托—代理的关系来看，在国有资产的管理上，一般都存在着国家与地方政府，以及地方政府与地方部门间的多层委托—代理关系，因此在机制设计不健全的前提下，又会存在委托—代理问题，进而影响到国有资产的运行效率。国有资产的运行效率与具体的激励约束机制有关，而其中最重要的就是是否建立了完善的监督机制以及委托与代理部门之间的产权结构是否合理，当然，对监督机制的建立实际上也就意味着为解决委托—代理问题，需要付出一定的交易成本。

从马克思的分配理论上来看，在分配的方式上，能否体现出多劳多得，是否采取按劳分配，则与兵团广大职工的生产经营积极性具有极大的

---

① 奥尔森的"集体行动的逻辑"的基本假设是，理性"经济人"必然会在集体行动中"搭便车"，从而导致"集体行动的困境"。

联系。

因此，结合以上三个方面，可以得出：兵团国有资产运行效率主要与监督机制及纵向和横向的产权结构有关。根据委托—代理理论及马克思的分配理论可知，在纵向的产权关系中，国有资产的管理效率主要与代理人是否具有剩余索取权以及剩余控制权有关；从横向的产权关系或分配方式来看，国有资产的管理效率主要与生产经营者之间的分配方式有关。

4.1.2　兵团国有资产管理效率的理论分析——制度变迁的视阈

制度变迁是指新制度（或新制度结构、新制度安排）产生，并否定、扬弃或改变旧制度（或旧制度结构、旧制度安排）的过程。从前一章的分析可以得知，在大的阶段上，兵团国有资产管理共经历了一次制度变迁，即 1979～1993 年计划经济下的管理体制向市场经济下的管理体制转变，因为从 1949 年到 20 世纪 90 年代初，我国都是将国有资产作为非商品性质的资产进行管理。即在传统计划经济体制下，经营性国有资产并没有被看作有别于一般公共资源的资源进行管理，而是将其视为与公共资源同样的管理对象，而且主要追求的是社会效益，管理的主要目标是如何管好，使其不浪费和被破坏，更多的也是为了维护社会稳定和经济发展。在计划经济体制下，企业没有利润目标，管理体制自然完全按照行政管理方式设置，与国家管理非经营性国有资产的体制相同，因此在这种体制下，国有资产管理体制都建立在一般公共资源管理基础上。对于兵团，由于其自身还具有党、政、军、企、为一体的特殊属性，因此前述这一特征在兵团的表现更为明显。市场经济体制改革后，随着商品经济的发展，国家对国有资产的态度也发生了转变，更加重视其商品属性，而且更加侧重于国有资产的保值和增值，因此，对于国有资产的管理，国家更侧重于以市场为导向、以产权为导向来对国有资产进行管理。尽管兵团的市场经济体制改革较为滞后，但是在该时期，对于国有资产的管理，也逐渐地实现了从行政管理向以市场为导向的转变。

4.1.2.1　计划经济下的国有资产管理

从具体的小阶段来看，这一期间，兵团国有资产管理体制共发生了 4 次变迁，所以共呈现出具体的 5 种形态。

首先，从前两次的国有资产管理体制变迁来看，虽然此期间兵团的体制经历了被撤销，进而向新疆维吾尔自治区农垦局的转变，关于国有资产的管理主体也经历了从兵团向自治区地方政府和农垦局再向农垦局的转变，但是从委托—代理关系及纵向的产权结构、监督机制上来看，却呈现出一定的共性：

第一，关于国有资产的经营和使用，具体还是在依靠兵团、地方政府、农垦部门的行政指令。

第二，在具体的行政指令下，关于国有资产的经营和使用方面，又存在着多层的委托—代理关系。

第三，在各个小阶段内，作为企业、团场一级和职工一级的代理者，并没有关于国有资产的剩余索取权和控制权，这一时期的分配还是以行政等级为主，而且多采取的是以平均分配为主的按需分配政策，因此在同级的个体之间，并不能体现出多劳多得，进而也就使得企业、团场和职工自身的利益与国有资产经营、使用的是否合理缺少一定的联系。

第四，在这样一种委托—代理的框架下，在兵团、地方政府以及农垦系统的内部，都缺乏必要的关于国有资产管理的监督机制。

在这种大的框架下，由于作为初级代理人的企业、团场（兵团、地方政府和农垦局、农垦局）按照上一级委托人的行政指令来经营和使用国有资产，并不能提高自身的收益水平，而作为次级代理人的职工按照上一级委托人（企业和团场）的行政指令来对国有资产进行经营和使用，也不能使自身的利益有所改善和提高，加之缺乏必要的监督机制，因此在具体的生产经营过程中，偷懒、消极怠工以及攫取国有资产租值的行为大为存在。所以，虽然经历了两次的管理体制变迁，但是由于关于国有资产管理的这种基本产权结构并没有改变，因此，在这三个小阶段内，国有资产的管理效率一直处于较低的水平。

其次，从后两次的国有资产管理体制变迁来看，经过变迁后，兵团关于国有资产的管理体制与前三阶段存在明显的不同，主要体现在：

第一，关于剩余索取权和剩余控制权，有逐步下放的趋势。1981年后的放权让利活动及1988年后企业承包制和团场企业承包制的逐步落实，企业和团场在生产经营的自主权上逐步得到提高，同时在满足兵团所规定的计划指标的前提下，企业和团场又具有了对部分剩余的索取权。

第二，1988年后，兵团成立了国有资产管理局，专门负责对国有资产进行管理，对国有资产的经营和使用进行监督。

在这样的背景下，由于企业和团场一级自身的利益与其对国有资产的经营和使用效率相挂钩，同时，国有资产管理局又充当了监督人的角色，所以与前三个阶段相比，该两个阶段内，关于国有资产的管理效率有所提高。但是，由于在兵团内，总体的计划经济体制并没有改变，因此在职工一级，虽然企业和团场在分配的方式上进行了一定的创新，并在一定程度上体现出了多劳多得，但从整个兵团来看，关于职工的收入，主要还是采取以行政指令为主的均等分配的办法，因此，虽然经过一定的管理体制改革，企业和团场的积极性逐渐有所提高，但职工的生产经营积极性的改善却并不十分显著，消极怠工、偷懒等行为仍然普遍存在。与此同时，在大的计划经济体制下，国有资产管理局并没有保持自身的独立性，而且在很多时候，关于国有资产的管理，更多地依附于兵团的行政指令，难免会与企业和团场的生产经营决策形成冲突，进而对企业和团场日常生产经营活动造成干预，降低国有资产的经营和使用效率。所以总体来看，虽然在该两个小阶段内，兵团国有资产的管理效率逐步有所提高，但提高的幅度明显有限。

4.1.2.2 市场经济体制下的国有资产管理

从具体的小阶段来看，这一时期，兵团国有资产管理体制共经历两次变迁，即1993年之前的计划导向下的兵团国有资产管理局统一管理向市场导向下的兵团国有资产管理局统一管理的转变及2001年后新的国有资产管理体系的形成。

从第一次变迁来看，1993年后，随着市场经济体制改革的开展和逐步进行，兵团逐步加大了放权让利的力度，因此作为企业和团场的生产经营自主权以及剩余索取权和剩余控制权都逐步得到提高。另外，企业和团场在生产经营的过程中，也更加侧重于以市场需求为导向，在对职工分配的方式上，则更加注重选择能够体现多劳多得的分配方式，此外，随着市场经济体制改革和产权制度改革的逐步推行，国有资产管理局对兵团行政指令的依赖度也有所下降，自身的独立性较前一阶段有所提高，而且更加侧重于实现国有资产的保值和增值。因此，较前一期而言，在该阶段内，兵团国有资产的管理效率有所提高。

从第二次变迁来看，由于市场经济体制改革的全面深化和我国加入WTO，企业、团场的生产经营自主权及剩余索取权和剩余控制权进一步得到提高，与此同时，以按劳分配为主体，多种分配方式相结合的分配制度在兵团也逐步建立，因此，在该阶段，企业及团场职工的生产经营积极性得到全面的提高。然而，伴随着市场经济体制改革的进一步深化和加入WTO后的新情况，使得市场竞争的激烈程度也大大提高，市场中的不确定性和风险问题逐步凸显，在此背景下，仅靠国有资产管理局来对国有资产进行管理，对国有企业和国营团场、农牧团场进行监督，已难以满足实现保值和增值的目标，因此，借鉴国外（主要是新加坡淡马锡模式）及国内其他地区国有资产管理的经验，在这一时期，兵团建立了"二级管理"、"两个体系"和"三个层次"的新的国有资产管理体系，进而促成了集管理、监督、经营三个机构为一体的国有资产管理结构。在新的体系下，国有资产管理效率较前一阶段又大大提高。但是，由于特殊的体制，国有资产管理委员会仍存在着受兵团的行政指令干扰的问题，国有资产经营公司的日常经营活动也因此受到影响，使其独立性有所下降。同时，从宏观上来看，兵团虽然建立起了较为完善的国有资产管理体系，但是由于各机构建立后，其内部的产权结构、组织结构还存在一定的问题，因此，在总体上国有管理效率大大提高的同时，其也对国有资产的管理效率带来了一定的负面影响。

4.2　各时期兵团国有资产管理效率的实证分析

4.2.1　假设的提出

在前面的分析中，本书得出了三个最基本的结论，首先，尽管在计划经济时期，兵团国有资产管理体制经历了四次变迁，但是由于在整个计划经济时期，兵团都没有建立相应的国有资产管理部门，因此上下层级之间的委托—代理问题较为严重，因此历次的变迁并不能明显地改善兵团国有资产的管理效率；其次，市场经济体制改革后，随着兵团向下的放权让利及国有资产管理局的建立，一方面，企业及团场职工的生产经营积极性得到提高，另一方面，上下级之间的委托—代理问题也得到缓解，因此与计划经济时期相比，国有资产效率得到显著的提升；随着市场经济体制改革的全面深化，不仅使企业和团场更加注重以市场需求为导向来开展生产经营活动，同时也进一步提高了企业和团场职工的生产经营积极性，而"二级管理"、"两个体系"和"三个层次"的新的国有资产管理体系的建立，则更加规范了各方主体的生产经营行为，从而使得兵团国有资产效率较市场经济体制改革初期又得到进一步提升。

但是，三个基本结论是基于理论分析所得出，其是否与现实相符则有待于进一步的实证检验，基于此，本书将上述三个基本结论作为主要的研究假设，继而通过实证分析来分别对其进行检验。

4.2.2　模型的构建

从整体的变迁来看，1954～2009 年，兵团国有资产管理体制共经历了 7 个小阶段性的变迁，但是在 1981 年以前，无论是在兵团、农垦系统，还是在地方政府，都完全依靠的是计划指令来对国有资产进行管理，因此为分析上的便利及考虑数据的可得性，将其视为一个大阶段是合理的。

而在 1981 年后，兵团国有资产管理体制又经历了三次较大的变迁，即 1982～1987 年的兵团计划管理体制变迁到 1988～1992 年计划导向下的兵团国有资产管理局统一管理体制、1993～2000 年市场导向下的兵团国有资产管理局统一管理体制，以及 2001 年至今的新国有资产管理体制。在整个变迁的进程中，同时伴随着关于国有资产经营权、使用权、剩余索取权和剩余控制权的下放。结合 1981 年及以前的计划管理体制，可以归纳出，1954 年后，兵团国有资产管理体制共经历了 4 次显著性的变迁，并呈现出 5 种主要形态。

参见李万明、杨强（2009）等人关于兵团团场基本经营制度变迁与团场经济效率转变的实证分析，在兵团的相关历史数据不完善的情况下，可根据体制变迁的历程来相应的构造多元虚拟变量回归模型，进而通过检验代表不同时期的各虚拟变量系数的显著性来对兵团国有资产效率是否随着国有资产管理体制的变迁而改变或提高进行分析，因此，对于 4 次显著性的变迁（5 种形态），就可以构建包括 4 个虚拟变量的（这主要是由于如果选择 5 个虚拟变量，则会陷入虚拟变量陷阱）线性回归模型，具体如下：

$$Y = B_0 + B_1 TZ + B_2 SL + B_3 D_1 + B_4 D_2 + B_5 D_3 + B_6 D_4 + \mu$$

其中，Y 代表能够反映国有资产管理效率方面的指标，$B_i（i = 0 \sim 6）$ 为待估参数，TZ 表示每年固定国有资产投资，SL 表示税率，加入该两项的原因在于，在兵团，国有资产的管理效率除了与制度变迁有关外，与每年的固定资产投资和税率有关，根据新古典经济理论，一般来说，固定资产投资越大，可以间接地反映国有资产的管理效率越高，而高税率在降低国有企业自身经营和管理效率的同时，会有利于提高政府部门对企业的管理和监督水平，因此税率在总体上与国有资产的管理效率之间的关系则不确定。所以，为更加精确地分析兵团国有资产管理体制变迁对国有资产管理效率的影响，可将二者作为主要的控制变量。另外，D_i（$i = 1$，2，3，4）表示四个阶段变迁的虚拟变量。

4.2.3 数据的选取

根据《新疆生产建设兵团统计年鉴（2010）》提供的关于兵团国有资产各方面的相关数据，对其各自的代表性进行权衡后本书选取 1979～2009 年兵团国有企业及国有控股企业的主营业务收入作为反映国有资产管理效率的工具变量，这是在考虑数据的可得性后，见表 4 - 1、表 4 - 2 所示。并选取 1979～1981 年的主营业务收入作为 1954～1981 年的整体代表。

表 4 - 1　　　　1979 年以来兵团国有企业及国有控股企业的主营
业务收入、固定资产投资和税率

年份	主营业务收入（万元）	固定资产投资（万元）	税率
1979	171816	61109	0.0289321
1980	200547	66065	0.0269513
1981	218198	69585	0.0249498
1982	257817	78072	0.0238696
1983	305120	76244	0.0249345
1984	355300	66065	0.0228539
1985	306995	69585	0.0285216
1986	396858	163543	0.0276018
1987	557759	124986	0.0250485
1988	722603	111173	0.0269401
1989	792980	89136	0.0337713
1990	991592	124060	0.0353865
1991	1398548	286552	0.0300569
1992	1622073	208883	0.031358
1993	2167075	303921	0.0250785

续表

年份	主营业务收入（万元）	固定资产投资（万元）	税率
1994	2083751	161262	0.0259935
1995	2978017	186055	0.0271916
1996	3486683	1229328	0.0269026
1997	3611481	721342	0.0259503
1998	3744763	883818	0.0277259
1999	3458441	578696	0.0339407
2000	3791107	687162	0.0239231
2001	3337440	1436637	0.0260349
2002	3758252	1053399	0.0268747
2003	4441033	1061442	0.0234367
2004	5198307	675842	0.0285145
2005	6718567	873253	0.0359708
2006	7390183	2708440	0.0291
2007	9069015	2128688	0.031021
2008	9616740	2575432	0.0349715
2009	10625814	3229347	0.0405751

资料来源：根据《新疆生产建设兵团统计年鉴（2010）》中表 6 - 1、表 6 - 7、表 6 - 8 提供数据统计。

表 4 - 2 虚拟变量的定义

D_1	如果 t ∈ [1982，1987]，	则 $D_1 = 1$，	否则 $D_1 = 0$
D_2	如果 t ∈ [1988，1992]，	则 $D_2 = 1$，	否则 $D_2 = 0$
D_3	如果 t ∈ [1993，2000]，	则 $D_3 = 1$，	否则 $D_3 = 0$
D_4	如果 t ∈ [2001——]，	则 $D_4 = 1$，	否则 $D_4 = 0$

4.2.4 协整分析

4.2.4.1 单位根检验

首先，简要介绍序列的平稳性和单位根的概念。平稳序列围绕一个均值波动，并有向其靠拢的趋势，而非平稳序列则不具备这一性质。若变量序列是平稳序列，表示为 I（0）；若变量序列经一阶差分后变为平稳序列，则称其为单位根过程，用 I（1）表示。检验变量序列是否平稳的方法称为单位根检验。常用的单位根检验方法有 ADF 法和 PP 法。本书使用 ADF 检验法。对于变量序列 $\{y_t\}$，该检验的一般形式为：

$$\Delta y_t = \alpha + \delta t + \phi y_{t-1} + \sum_{i=1}^{p} r_i \Delta y_{t-i} + \varepsilon_t$$

其中，α 为常数项，t 为时间趋势项，p 为滞后阶数。该检验的零假设 $H_0:\phi = 0$，备择假设 $H_1:\phi < 0$。如果接受假设 H_0，拒绝 H_1，则说明变量序列 $\{y_t\}$ 存在单位根，即它是非平稳序列；否则变量序列 $\{y_t\}$ 不存在单位根，即它是平稳序列。

其次，要对原始数据进行处理，为降低异方差性，在具体的回归之前，对主营业务收入和固定资产投资做取对数处理，以降低异方差性；然后在进行单位根检验。按照上述的单位根检验方法进行检验，得到的结果见表 4 - 3 所示。LNY、LNTZ 和 SL 分别表示对数化后的主营业务收入、对数化后的固定资产投资和税率。它们的检验统计量值大于临界值，说明它们是非平稳序列。而它们各自的差分序列 DLNY、DLNTZ 和 DSL 的检验统计量值小于临界值，说明差分序列 DLNY、DLNTZ 和 DSL 为 I（0）的平稳序列。因此，变量序列 LNY、LNTZ 和 SL 为 I（1）的单位根过程。

表 4 - 3　　　　　　　　　数据平稳性的 ADF 检验主要结果

变量序列	检验形式 (C，T，P)	检验统计量值	临界值 (1%)	临界值 (5%)	临界值 (10%)	平稳性
LNY	(C，T，0)	- 1.274	- 4.297	- 3.568	- 3.218	不平稳
LNTZ	(C，N，4)	0.778	- 3.711	- 2.981	- 2.630	不平稳
SL	(C，T，2)	- 1.597	- 4.324	- 3.581	- 3.225	不平稳
DLNY	(C，N，1)	- 3.018	- 3.689	- 2.972	- 2.6251	平稳 **
DLNTZ	(C，N，0)	- 6.950	- 3.679	- 2.968	- 2.623	平稳 ***
DSL	(C，N，0)	- 6.439	- 3.679	- 2.968	- 2.623	平稳 ***

注：（C，T，P）表示存在常数和时间趋势项，（N，N，P）表示不存在常数项和时间趋势项；滞后阶数 p 根据 MS 准则确定；在此和下面的表格中，*、** 和 *** 分别代表10%，5% 和 1% 的显著水平。

4.2.4.2　协整检验及回归结果

变量序列之间的协整关系是由英格尔（Engle）和格兰杰（Granger）首先提出的。这一方法论的基本思想在于：尽管两个或两个以上的变量序列为非平稳序列（均为 I（1）），但它们的某种线性组合却呈现稳定性，则这两个变量之间便存在长期稳定关系即协整关系，这种关系是经济学中所说的规律性的定量描述。常用的协整检验方法有 Engle - Granger 两步法和 Johansen 法。本书采用 Engle - Granger 两步法。

Engle - Granger 两步法的基本原理是，在变量为同阶单整的情况下，如果基于 OLS 回归的残差项为平稳序列，那么就可以判断原模型具有协整关系，因此，在单位根检验后，本书对取对数后的主营业务收入与取对数的固定资产投资、税率以及四个阶段性的虚拟变量进行了 OLS 回归，并计算了其残差值，而通过对残差的平稳性进行 ADF 检验后发现，t 统计值达到 -6.078，在 1% 的显著水平下，残差序列是平稳的，这说明方程在整体上存在协整关系。

此外，由于虚拟解释变量与被解释变量之间无法进行格兰杰因果关系检验，因此，本书省去了对原模型进行因果关系检验。

在确定协整关系存在后，本书再次对取对数后的模型进行最小二乘回归，结果发现，在 1% 的显著水平下，固定资产投资，税率以及四个虚拟变量的系数都显著的异于 0，初步说明了四次变迁对于兵团国有资产管理效率的提高具有一定的促进作用。OLS 结果见表 4 - 4 所示。

表 4 - 4　　　　　　　　　　　　OLS 回归的主要结果

指标	$Coef$	$LNTZ$	SL	D_1	D_2	D_3	D_4
系数值	7.43	0.35	30.42	0.51	1.25	2.05	2.22
t 值	(8.77)***	(4.58)***	(2.70)**	(3.34)***	(7.31)***	(9.70)***	(8.03)***

根据前面 OLS 回归结果，可将模型具体表示为：$LNY = 7.431 + 0.355LNTZ + 30.418SL + 0.515D_1 + 1.250D_2 + 2.047D_3 + 2.220D_4$

调整后 R-squared = 0.973　　　F = 182.125　　　DW = 2.189

从回归结果中可以看出，调整后的 R^2 达到 0.973，说明模型拟合程度比较好；统计量 F = 182.125，说明模型整体上也比较显著；DW = 2.189，说明模型不存在着一阶自相关问题；另外经过怀特检验后，可以确定模型不存在着异方差问题。

4.2.5　基于回归结果的分析

从模型在整体所反映出的信息来看，虽然兵团在 1982 年后就采取了放权让利活动，但是在 1982～1987 年间，关于国有资产管理的效率，尽管较放权让利前的计划经济时期有所提高，但是并没有太大的差别（0.515），这说明，在兵团开展放权让利活动的过程中，由于没有建立相应的、专门的国有资产管理管理机构，使得委托—代理问题较为严重，进而严重地影响了国有资产总体的经营和使用效率。

从 1988～1992 年的国有资产管理效率来看，在一时期，兵团在继续向下开展放权让利的同时，也建立了相应的国有资产管理局，负责对企业和团场对于国有资产的经营和使用进行监督和指导，因此相对于前一时期，兵团国有资产的管理效率得到了显著的改善（1.25）。

从 1993～2000 年来看，这一时期，兵团实行了市场经济体制改革，一方面，兵团的计划行政指令逐步减少，另一方面，企业和团场的生产经营自主权、剩余索取权和剩余控制权也逐步提高，理论上来看，这将提高兵团国有资产的经营和使用效率，但是从模型的回归结果来看，虽然总体的国有资产管理效率得到了进一步的提高，但是此其间的放权让利活动和国有资产管理局，特别是国有资产管理局对于兵团国有资产管理效率的改进却低于前一时期，进一步分析，则可以发现，这应该主要是由于在该期间，兵团国有资产管理局在很多时候还受到兵团行政指令的影响，进而对企业和团场的日常生产经营行为造成干预。这说明，仅靠市场经济体制改革，和国有企业所有制结构的改革，而并不同时对国有资产管理体系进行改革和完善，并保持其自身的独立性，进而形成与发展市场经济相适应的国有资产管理体系，那么不仅会影响到兵团国有资产的管理效率，而且甚至会导致国有资产整体的经营和使用效率降低。

而从 2001 年至今的国有资产管理效率上来看，这一时期，正是由于兵团建立了"二级管理"、"两个体系"和"三个层次"的完善的国有资产管理体系，以及具有很强独立性的国有资产经营公司，而且正是由于国有资产经营公司更加注重以市场为导向来对国有资产进行经营和使用，才使得在 2001 年以后，兵团国有资产的管理效率得到显著的改善。

总而言之，四个主要结论验证了前述三个假设的合理性性，除此之外，通过实证分析，本书还得出支撑前述理论分析的另外三点主要结论：

第一，在兵团开展放权让利活动的同时，国有资产管理机构对于解决委托—代理问题，进而提高国有资产的整体经营和使用效率是十分必要的。

第二，在市场化改革的进程中，如果不保持国有资产管理机构的独立性，那么不仅会不利于国有资产管理效率的改善，而且相对于不建立国有资产管理机构相比，甚至会降低国有资产的管理效率。

第三，随着企业和团场生产经营自主权、对于剩余索取权和剩余控制权的不断扩大，为提高国有资产整体的经营和使用效率，则需要建立完善的国有资产管理体系，并维护国有资产管理机构的独立性。

第 5 章

当前兵团国有资产管理存在的问题及成因分析

5.1 兵团国有经济布局的地域特点及局限性分析

兵团在新疆呈覆盖式的分布。可以说，新疆有多大，兵团有多大。新疆的 14 个师，260 万人分布在新疆的每个地区。因此，分散已经成为兵团最大的问题。正如时任兵团政委聂卫国所指出的：兵团团场遍布全疆，当然这是屯垦戍边的需要，但在加快经济社会发展的进程中，这种分散确实是值得我们很好地研究的一个问题。分散就没有力量，分散就造成配套成本高。[1]

5.1.1 兵团的布局特点与成因

特殊的历史使命，决定了兵团的分布格局：

非经济原则，多着眼于政治方面的考虑，兵团形成了"两个圈，一条线"的布局。1949 年中国人民解放军第一野战军一兵团二、六军进疆，当时新疆形势是叛乱迭起，北疆叛乱尤为频繁。因此，整个 20 世纪 50 年代，兵团在部署和垦区规划上主要从军事、政治的因素出发决定，进疆的二、六军的主要力量部署在战略要地。农五师（原十六师）驻军新疆东大门哈密，确保新疆与内地通道的畅通。农二师（原六师）驻焉耆，扼南北疆咽喉。出于稳定南疆的战略考虑，农一师驻军阿克苏。农六师进疆时兼任迪化警备队，以后师部驻五家渠，保卫乌鲁木齐。农四师则部署在伊犁

---

[1]　聂卫国：《新疆生产建设兵团的改革与发展》，载《实事求是》2006 年第 4 期。

地区。农七师、农八师进驻玛纳斯河流域屯垦生产，也是出于将北疆乌鲁木齐至伊宁一线连接的战略考虑。至20世纪50年代末兵团的布局大体形成两个圈的格局，即沿塔克拉玛干沙漠周缘和沿准噶尔戈壁周缘，但布局的重点在北疆地区。①

20世纪60年代初，苏联通过其驻新疆各地领事，策动塔城、裕民、霍城等9县1市边境6万余边民非法越境到苏联。为应对苏联霸权主义，迅速制止边民非法越境，应付可能发生的事变，根据中共中央、中央西北局、自治党委和自治区人委指示，兵团从1962年5月起，组编了6个独立营，共21个值班民兵连，沿中苏边境布防。其中农四师2个营8个连布防于霍城至昭苏边境；农五师主力由哈密移防到博尔塔拉蒙古自治州，共1个营3个连，布防于博乐边境；农七师1个营4个连布防在塔城边境；农十师（1953年组建，1955年撤销，1958年恢复）1个营3个连布防在阿勒泰边境；农一师1个营3个连布防在阿克苏地区边境一线（如表5-1所示）。随后，兵团根据新疆军区的，决定在中苏边境建立一批边防工作站。1962年4~8月，共增设边防工作站58个，并由兵团新设一批国营农场，以加强边境管理力量，扭转了中苏边境"有边无防"的局面。6月底，大批边民非法越境行动基本被制止。是年末，自治区人委颁布了《边境禁区管理规定》。1963年秋至1964年春，伊犁州又根据自治区的有关命令和规定，划定了边境禁区、边境管理县和管理区，至此形成了自阿勒泰地区至伊犁地区沿中苏边境一线的兵团团场分布带。②

表5-1　　　　　　　　　"伊塔"事件后兵团边境布防体系

师部名称	营连数量	布防地带
农一师	1个营3个连	阿克苏地区边境
农四师	2个营8个连	霍城至邵苏边境
农五师	1个营3个连	博乐边境
农七师	1个营4个连	塔城边境
农十师	1个营3个连	阿勒泰边境

此后，1969年在北疆又成立农九师（塔城地区）；1966年在南疆增建了农三师（喀什地区）与和田管理局，增强了南疆腹地的兵团部署。

①　厉声等：《中国新疆历史与现状》，新疆人民出版社2009年版，第284~285页。
②　杨红霞：《新疆生产建设兵团的历史沿革及军垦文化研究》，新疆师范大学，2009年。

"两个圈、一条线"的布局对于当时稳定新疆、保卫国家起了巨大的作用，在古尔班通古特沙漠和塔克拉玛干沙漠周缘屯垦，也极大地推动了新疆经济的发展。但随着经济的发展，已形成的"两个圈、一条线"的兵团布局，从战略上看，造成了兵团力量配置上的"北重南轻"，而且南疆的环塔克拉玛干"圈"没有画圆，边境一线到分伊犁地区的昭苏也戛然而止，克孜勒苏洲、喀什地区的边境地带也无兵团团场的设置。

同时，本着"不与民争利"的原则，兵团所分布的区域全是新疆最艰苦的边境一线和条件差的偏远地带，俗称"三头地带"——路到头，水到头，电到头。经过五十多年的发展，兵团在艰苦创业中发展壮大，在天山南北的沙漠边缘和自然环境恶劣的边境沿线建成一个以现代化大农业为基础、农林牧副渔并举、工商和服务业综合经营、科教文卫全面发展的独立组织。但是，兵团国有农场多数是远离当地的政治、经济文化中心，基础设施薄弱，能源不足，交通不便，信息闭塞，市场发育程度差，对外联系困难，产品竞争条件和能力较弱，有些边远和边境农场甚至不具备从事农业生产的基本条件，长年种"政治田"，放"政治牧"，发展生产只有社会效益而没有经济效益。即使条件相对较好的腹心农场，也受城乡之间的市场环境差异和农垦与地方条块分割，交融不畅等多种制约，限制了农场招商引资和对外开放。目前，兵团共辖 14 个师（垦区），分辖 175 个农牧团场，分布在自治区 16 个地（州、市）的 69 个县（市）境内，其中边境团场 58 个；少数民族团场① 37 个，其中约 50% 是贫困团场；② 兵团贫困团场共有 62 个，占兵团团场总数的 35.4%，其中国家级扶贫团场 42 个，兵团级贫困团场 20 个。

5.1.2 地域的分散性严重制约了兵团国有经济的发展

从生产力布局上看，各兵团垦区具有相对独立性，造成工业布局小而全，并自成体系，难以形成规模化的集团经营。如表 5 - 2 所示，各垦区的工业结构趋同化、产品趋同化比较严重，市场发育不成熟、发展滞后，重复建设严重。仅靠各师的力量在各自范围内整合资源，既无法形成核心

---

① 少数民族团场是指团场人口中少数民族人口达到30%以上的团场。
② 贫困团场的划分是依照贫困线及贫困人口比例界定的，按照惯例，纯收入低于贫困线的人口占总人口的30%以上的团场可以确定为贫困团场。

竞争力，也将造成全兵团范围内有限资源的浪费。

表5-2　　　　　　　　兵团各师（垦区）经济结构概况

师部名称	所在垦区	优势资源
农一师	阿克苏垦区	粮、棉、水果基地及工业基地
农二师	库尔勒垦区	粮、棉、糖料、水果基地
农三师	喀什垦区	棉花、水果、畜牧业基地
农四师	伊犁垦区	粮、油、糖料、水果、畜牧业及工业基地
农五师	博乐垦区	麻、糖料、药材、畜牧业基地
农六师	五家渠垦区	粮、棉、药材、工用番茄、畜牧业基地及工业基地
农七师	奎屯垦区	棉、工用番茄、畜牧业基地及工业基地
农八师	石河子垦区	粮、棉、工用番茄、奶产品、畜牧业基地及工业基地和商贸中心
农九师	塔城垦区	油、糖料、畜牧业基地
农十师	北屯垦区	油料、麻皮、畜牧业基地
农十二师	乌市西郊城区	蔬菜园艺作物、畜牧业基地和商贸中心
农十三师	哈密垦区	瓜果、矿业基地
农十四师	和田垦区	水果、畜牧业基地
建工师及兵直属企业等	乌市	工业基地，商贸中心

资料来源：根据兵团网相关资料整理。

5.1.2.1　产业空间发展不均衡，总体水平不高

从产业结构和区域竞争力来看，农八师、农十师和农十三师具有比较明显的优势；农一师、农二师、农三师、农四师、农五师、农七师产业结构较为优化，但区域竞争力较差，从而影响了整体经济水平的提高；农六师、农十二师、农十四师竞争力较强，但产业结构较差；农九师产业机构和区域竞争力都较差，经济增长缓慢。

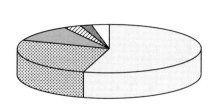

- □ 天山北坡城镇密集带54%
- ⊠ 塔河流域城镇发展带26%
- ▨ 伊犁片区11%
- ▧ 阿勒泰片区3%
- ▦ 塔城片区2%
- □ 哈密片区3%

图5-1 2008年兵团产业规模空间分布

资料来源：根据《新疆生产建设兵团"十二五"规划前期重大问题研究成果汇编》（内部资料）整理得出。

兵团产业发展总体上表现为以农业为主体的经济结构没有根本改变，产业结构性矛盾依然突出，产业空间体系发展不健全，各经济区之间产业联系和分工合作不明显，未能充分发挥各自优势，整体效率不高。除天山北坡经济带和南疆塔河流域经济带部分团场城镇发展较好外，整体产业层次仍然比较低，主要表现在第一产业内部结构单一，林果和畜牧业发展不足，农业产业化水平较低；第二产业轻重工业比例不协调，轻工业内部结构不合理，仍以传统的农副产品加工、纺织等消费品工业为主，机械加工业和高附加值的高新技术加工业发育不足；第三产业内部传统服务业比重仍然较大，为生产服务的现代服务业虽然已有所发展，但力量不足，第三产业整体水平有待进一步提升。

5.1.2.2 国有企业负担严重

兵团承担的"屯垦戍边"的历史使命决定兵团不能"不求所有"。兵团农牧团场大多建立于人烟稀少的万古荒原，无法依靠社会力量办企业，为了适应国家政治上的需要和农场自我生存发展的需要，长期以来形成了自成体系的社政管理系统，行使大量的社会管理职能，除工商、税务之外，公、检、法、司、劳、人武和社区小城镇管理等属于政府的职能国有农场均有；此外还兴办了大量的社会公益事业，如学校、医院、广播电视等。目前，兵团团场和企业在发展经济方面，承担了比其他企业更多的社会负担，使得兵团在市场竞争中处于劣势的地位。一是，兵团按照国家的法律法规向国家和地方政府缴纳税金，在无财政收入，中央财政补助又不足的情况下，为确保党政机关运转及社会事业发展的需要，就需要企业和职工分担负担；二是，兵团要自行承担垦区和团场的政府性公共服务支出、军事支出和社会支出；三是，离退休人员养老金及福利性补助、医药费等，国家财政性资金只解决了一部分。企业承担社会职能，社会负担十分沉重，不仅占用企业资产，耗费庞大，而且很难分离或者明分暗不离，极大地分散了企业精力，严重影响企业的效益和竞争力。

5.1.2.3　区域开发成本高

区域开发成本是指一个地区为了支持经济起飞并实现区域战略发展目标，必须进行的基础设施建设所花费的成本，基础设施的完备与否，常常是经济发展的前提和准备条件。兵团处在西部边陲地区，远离国家的经济重心区和政治核心区，自然生态环境脆弱，经济基础，交通、通讯、水利等基础设施的建设难度大，区域开发本高。兵团经济发展的基础条件"先天不足，后天乏力"，极大地限制了兵团市场范围和分工的扩展、资本的形成和比较优势的发挥。

5.1.2.4　经营管理人才匮乏

由于封闭的绿洲经济，长期的计划经济和兵团又是以农业起家，农业是主导和支柱产业，以"农"人才多，造成兵团人才队伍总体数量不足、结构不合理的问题比较突出，第二、三产业领域人才匮乏。以2008年为例，兵团工程技术人才1.68万人（其中在农牧团场的4323人），占专业技术人员总量的13.3%，约占工业从业人员数量的13.1%，其中高级工程师877人，仅占工程技术人才的5.3%。如图5-2所示，引进的人才多分布在一类、二类城市所在的师，南疆各师、边境团场相对较少。兵团的工业技术人才（有相当一批企业无高级工程技术人才）和高水平金融、证券、银行、保险等新兴产业管理人才，特别是懂经营会管理、能驾驭市场经济的人才尤其是企业家匮乏，优秀企业家的群体尚未形成。各类高层次人才不断"东流"、"南飞"。改革开放以来，流失的人才20多万，流失相当严重。兵团职工子女考上高等院校毕业后千方百计脱离团场，脱离兵团。受兵团财力物力的限制，吸引人才和留住人才的政策没有足够的吸引力，使兵团在实现长久可持续发展中受到制约，人才资源不足成为进一步发展的瓶颈。

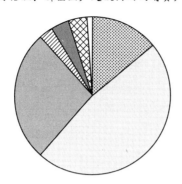

伊犁片区14%

天山北坡城镇密集带48%

塔河流域城镇发展带26%

哈密片区3%

塔城片区4%

阿勒泰片区4%

和田片区1%

图 5 - 2　2008 年兵团国有单位专业技术人员空间分布

资料来源：根据《新疆生产建设兵团"十二五"规划前期重大问题研究成果汇编》（内部资料）整理。

5.1.2.5　城镇空间格局分散

兵团直接辖区总面积 7 万多平方公里，但是这 7 万多平方公里分散在全疆 160 多万平方公里的土地上，而且还被大小不一的绿洲分割，各兵团屯垦城镇好像一个个"飞地"，难以形成大中小规模不一的完整城镇体系。① 兵团城镇发展在空间上呈现分散布局、非建制性一团一镇、自筹自建的特点。这种大分散格局使得信息传导慢，生产要素流动成本高，弱化了城镇之间的联系，城镇间横向协作较差，城镇集聚与辐射带动作用弱，不利于城镇发展。兵团城镇空间密度不均衡。"两个圈，一个线"的布局，使得兵团城镇北多南少、西多东少，且北疆城镇综合实力整体强于南疆。北部主要是农六师、农七师、农八师、农九师、农十师、农十二师的 77 个小城镇，占兵团城镇的 44%，城镇密度 2.36 个/万平方公里。西部主要是农一师、农三师、农四师、农五师的 66 个小城镇，占兵团城镇的 38%，城镇密度 0.95% 个/万平方公里。而东部和南部的城镇密度分别只有 0.28 个/万平方公里和 0.29 个/万平方公里。

5.1.2.6　经济发展的可持续性面临严峻挑战

由于兵团团场场址所在地条件差，环境恶劣，承载能力有限。从兵团屯垦戍边的战略地位出发，长期以来为了发展经济，不断地与荒漠抗衡，结果在经济发展的同时，使本来就十分脆弱的生态环境不断恶化，给兵团

---

①　黄达远、戢广南：《试论兵团屯垦城镇的特征》，载《新疆社科论坛》2008 年第 2 期。

经济可持续发展带来严峻的挑战：（1）水土流失严重。兵团轻度以上水土流失面积 543.82×104 公顷，占兵团土地总面积的 73.22%，水土流失现象严重，已对绿洲农业构成直接威胁。（2）土地沙漠化和盐渍化加剧。兵团 121 个团场分布的古尔班通古特和塔克拉玛干两大沙漠区中，占兵团农牧团场数的 70.35%，其中有 88 个团场主要分布在两大沙漠边缘；兵团土地沙漠及沙漠化面积为 152.51×104 公顷，占兵团土地总面积的 20.5%。兵团土地盐渍化分布范围很广，几乎从南到北、从东到西的各团场都有分布，每年有 5000~6000 公顷的耕地因盐渍化加重而弃耕，有近一半的耕地受着盐渍化的威胁。（3）荒漠植被破坏严重。由于过度垦荒，导致大面积荒漠植被的破坏。（4）草地退化现象严重。过度放牧及滥垦、滥挖、樵采等人为破坏和蝗虫鼠类自然因素的危害，兵团的天然牧场普遍退化，一些地方出还出现了人退沙进的现象，严重地影响了兵团生态环境的安全。（5）农业环境污染严重。农业是兵团的支柱产业，由于大量使用化肥，过多的化肥残留在土壤中，致使土壤酸化现象严重，土壤板结，肥力下降。[①]

5.2　兵团国有企业产权制度存在的问题及成因分析

产权制度是企业制度的核心。随着社会主义市场经济体制的不断完善，兵团国有企业一些深层次矛盾，尤其是国有企业产权制度改革不到位、不彻底，制约了兵团国有经济的快速发展和市场体制的完善。

5.2.1　兵团国有企业产权改革过程中存在的问题

5.2.1.1　产权结构单一，国有经济比重大

股权多元化和分散化是现代企业产权结构演变的重要趋势和特点。从兵团的实际来看，改制后，国有股权的比重仍然很大。从所有制结构看，国有经济的比重虽然有所下降，但"国"字号企业比例仍然高。根据 2005~2009 年的数据统计（如图 5-3~图 5-6 所示），兵团工业企业中国有企业的比重从 19.8% 降到 12.5%，国有控股企业比重由 25.1% 下降到 17.4%；交通运输企业中，国有企业比重由 55.3% 下降到

---

① 新疆生产建设兵团发展和改革委员会：《新疆生产建设兵团"十二五"规划前期重大问题研究成果汇编》（内部资料），2010 年。

13.9%；建筑业企业中，国有企业从53.5%下降到46%；商业企业中，国有企业的比重由36.3%上升到37.6%。较高的股权集中度以及公有产权的性质，使得很多大型国有企业的经营目标模糊，影响了企业的整体绩效。

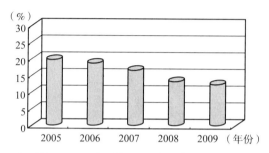

图5-3　2005～2009年兵团工业企业中国有企业所占比重

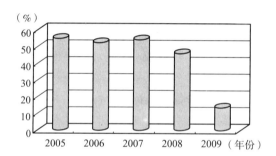

图5-4　兵团交通企业中国有企业所占比重

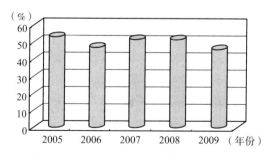

图5-5　兵团建筑企业中国有企业所占比重

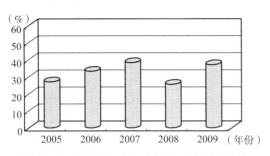

图5－6 兵团商业企业中国有企业所占比重

资料来源：根据《兵团年鉴（2006～2010）》整理得出。

非公有制和混合所有制经济发展相对滞后。由于历史与现实多种因素综合作用的结果，造成兵团非公有制和混合所有制经济迟缓，制约兵团个体民营经济发展的因素有：（1）兵团特殊管理体制制约了兵团第三产业的发展。（2）政策歧视严重，缺乏公平的竞争环境，发展非公有制和混合所有制经济的政策环境较差。（3）资本形成不足，资金匮乏，严重制约了非公有制和混合所有制经济的发展。由于自然条件差，基础设施落后，交通通讯不便，经济发展落后，开发成本高，投资收益低，发达地区的资金也不愿进入兵团，因而资金问题一直是制约兵团民营经济发展的重要因素之一。（4）市场发育缓慢，信息不足。由于兵团工业化、城市化、市场化水平较低，生产要素市场发育不完善，交通不便，使得民间的一些生产要素如资金、人才、技术就难以在本地区实现优化配置，为追求利润和报酬而流向回报高的东部地区，这也是影响兵团非公有制和混合所有制经济发展的重要原因。

5.2.1.2 产权主体不清，政企分开难

兵团作为计划单列的经济社会组织，代表国家管理国有资产，从法律形式上看，国有企业产权主体是明确的，但国有资产的代理主体及如何科学运作却是模糊的，权利责任界定不清。在现实的管理过程中，根据兵团的特殊地位和职能的需要，强化行政管理职能，权力相对集中。作为产权主体应有的许多职能却被人为地分解并分属于政府不同部门进行管理，但事实上并没有哪个部门能够代表国家行使完整的出资人权利，模糊的产权关系由此造成了长期以来难以解决的"政企不分"问题，行政部门集行政管理权、财产所有权、财产经营权于一身，既作裁判，又当教练，还当运动员。行政运行机制和财产经营机制错位，行政目的和财产经营目的交织，缺少市场化的财产经营主体。以行政主体代替所有者产权主体，以行

政偏好配置资源，用行政方式来运作资本，形成弱所有权，强行政权。对企业来讲，不能成为真正的市场主体，经营效率低下，负债严重，独立的法人财产权不突出。对职工个人来讲，缺少培育个人产权的机制。

另外，过长的国有经济战线和产权主体实际上虚置的国有企业体制，使政府成为经济活动的主体，经济发展的主要力量也源自政府的行政推动，造成政企不分、以政代企，做到政企分开还存在很大的难点和障碍，政企分开后的最终所有者难以产生：（1）如果是自然人，假设是经理层的自然人，这个自然人是以自有资金来买企业还是以经营业绩来买，由谁能订个公平的价格和比例？（2）如果是国有资产的管理公司（代理性质），它如何与政府原职能分开？它如评定企业价格呢？（3）如果是资产重组，重组的各方均是一个"官"领导下的企业间的买卖尚易解决。一旦是有其他股东收购，就又存在谁来定，怎么定价的问题。这些都存在操作困难，尤其要防止国有资产流入个人腰包，无偿划拨给个人。

5.2.1.3 产权的多元化改革不到位

兵团国有企业股权过于集中没有真正做到投资主体多元化。兵团改制后的国有企业虽然进行了产权多元化改革，但就产权股份的构成来看，主要还集中在兵团企业内部，吸收外来资金特别是优势资金少。产生这一问题的重要原因是已改制的企业，有相当一部分实力弱、负债率高、资产质量低，无法吸引外部资金，只能采取权宜之计，由兵团甚至国资公司内部若干法人实体组成新的有限责任公司，这样一种资产结构和股权结构是无法形成真正的现代企业机制。[①] 据统计，在兵团改制的国有企业中，只有16%的企业引进了外来资本和民营资本，外来资本总额占国有及国有控股企业资本总额的1.6%，其中外商及港澳台资本仅占0.5%。[②]

兵团国有企业产权多元化过程中存在多种不规范行为，这既淡化了产权多元化的实际效果，也加大了产权多元化的风险。（1）虚拟的多元化。有的国有企业利用国有资本或国有资本收益，在体制外注册了若干不同类型企业，与原来企业形成交叉持股，表面上看企业产权已经多元化，但实际上仍然是国有资本在内部循环，不是真正意义上的产权多元化，也很难起到产权多元化的效果。（2）均分的多元化。有的国有企业在改制过程

---

① 刘以雷：《刘以雷文集》（第一卷），新疆人民出版社2006年版，第269页。
② 赵浩德：《深化兵团产权制度改革 推进经济快速发展》，载《兵团党校学报》2007年第5期。

中，将国有产权大体均分到企业全体员工，形成全员持股。这种多元化不仅没有解决国有企业产权单一问题，而且造成新的"大锅饭"，失去产权多元化的实际意义。（3）资产流失的多元化。一些企业尝试用管理层收购或经营者持股解决多元持股问题，但由于操作不规范，存在着资产价值低估、少数人控制和变相流失等问题。有的自卖自买，暗箱操作。有的以国有产权或实物资产作为其融资的担保，将收购风险和经营风险全部转嫁给金融机构和被收购企业。有的损害投资人和企业职工的合法权益等，形成了一些新的不稳定因素。①

5.2.1.4 产权市场化交易存在障碍

产权制度改革，就是要使企业的产权合理流动和重组，但由于国有企业的产权归属国家的代表者政府所有，使国有企业的产权被政府行政化，导致国有企业的产权无法成为市场经济所需要的微观主体，兵团许多国企重组行为大多数是行政干预、行政命令的结果，而且在采用这种行政划拨的方式的时候还存在着不注重与市场规则相结合、凭空想象；不与企业重组相结合，为了划拨而划拨；行使行政划拨权力的主体能力低下，造成国有资产流失的现象发生。② 缺少纯粹的市场行为，国有产权难以真正形成流动、重组和融合，从而无法形成国有产权的高效运行和扩张。

由于委托—代理链条过长，"一股独大"影响了国有资产的优化配置，带来的直接后果是交易成本过大。每层委托—代理关系中一般都包括有信息费用、谈判费用、执行费用、代理人的佣金、偏差代价等代理费用，而且每个代理者之间又可能意见不一致，互相扯皮，互相推诿，互相掣肘，最终导致市场化交易难以顺畅进行，造成企业的经营管理上的掣肘，效率低下。

5.2.2 造成兵团产权改革不到位的成因分析

产权改革不到位是我国国有企业改革和国有资产管理中存在的普遍现象。结合兵团的特殊性，造成其产权改革不到位的因素，主要有以下三个方面。

从兵团的体制上看，兵团作为不完全意义上的政府，解决与兵团特殊

---

① 白津夫：《国企产权"多元化"亟待破局》，载《上海国资》2005 年第 4 期。
② 刘以雷：《刘以雷文集》（第一卷），新疆人民出版社 2006 年版，第 203～204 页。

性相联的管理和运行关系存在难度。我国国有企业改革的方向建立以"产权清晰、权责明确、政企分开、管理科学"为特征的现代企业制度。这就要求以行政方式管理企业要通过政府才具有的权力来间接进行，如通过税收、利率、价格、工资等经济参数和杠杆间接地引导企业的发展经营方向，不再直接参与企业的经营与管理。[①] 而兵团的法律地位是不明确，除石河子等4个建制市外，其他地区一直未能有这种权力来管理下属企业。而由于兵团团场没有收税和执行工商管理等方面的权力，兵团每发展一个非公有制企业，就意味着现实生产力和经济利益脱离兵团体制。这种职能上的差异，导致兵团团场在发展非公有制经济上缺乏积极性，团场非公有制经济发展步伐明显慢于地方。[②] 这种事权和财权的不对称，一方面，难以很好解决兵团履行中央赋予的职能所需要财力来源的问题；另一方面，直接或间接地增加了兵团管理和发展工作的难度，也导致了在经济运行中，行政性垄断的广泛存在。

从管理机制上看，兵团还没有理顺对上、对外和对内的关系。政府与市场的关系不明确。兵团政府的职能不明确，市场发育不健全，政府方面管得过多过细。兵团体制中依然保留着浓厚的计划体制的色彩。政府在各个领域都参与管理。尤其是在微观领域管得过多。例如，农耕都要政府统一安排，农产品统一收购，政府统一定价等五统一的方式。[③] 另外，长期以来，兵团内部存在着互相制衡的"权力板块"，整个国有资产体系被分割得极为分散，致使兵团应有的集团优势无法发挥，导致国有企业产权虚置问题。这种状况，在兵团2001年建立国有资产经营公司后，有所好转，但彻底改变国有经济内部产权虚置问题，使现代企业制度所要求的"产权清晰，权责明确"落到实处，尚需时日。

从思想观念上看，兵团内部还存在"对兵团不科学甚至教条式的理解、对兵团不正确甚至扭曲的认识，对兵团停滞不前甚至僵化的观点以及认为兵团特殊体制和市场机制不能结合甚至对立起来的错误做法"[④]。

"对兵团不科学甚至教条式的理解"，是指对兵团单纯政治功能军队组织模式的历史定格，认为搞产权多元化改革就会导致兵团凝聚力、战斗力

① 强始学：《对兵团深化经济体制改革的若干思考》，载《兵团党校学报》1994年第Z1期。
② 饶华、高新康：《兵团分类团场经济发展情况分析》，载《新疆农垦经济》2006年第2期。
③ 张宝凤：《新形势下新疆生产建设兵团行政管理体制改革的探析》，载《金卡工程》2010年第7期。
④ 聂卫国：《全面贯彻党的十七大精神 不断推动兵团事业发展实现新跨越》，新华网，2007年12月14日。

下降等一系列问题。"对兵团不正确甚至扭曲的认识",是指认为兵团的管理体制上只能用或最好用行政主导的方式,高度计划管理的方式,只能用国有经济的方式,才能组织经济活动,实现屯垦戍边的使命。"对兵团停滞不前甚至僵化的观点",指兵团独立封闭,自成体系,唯我戍边,排斥产权多元化和混合发展,企业组织形态落后,资产监管机制僵化,激励机制弱化,资产流动重组之后等一系列思想观点。"对兵团特殊体制和市场机制不能结合甚至对立起来的错误做法",是指过分强调兵团体制特殊性,单纯强调政治任务,强调军事建制的行政性集团优势,认为兵团建设市场经济体制和机制会损害兵团政治使命和组织结构,就是对兵团"釜底抽薪"等片面的认识。思想是行动的先导。由错误的、片面的思想观点决定的制度政策和观念,必然会在国有企业改革和国有资产管理的实践中产生阻碍的作用。

5.3 兵团国有企业法人治理结构存在的问题及成因分析

在国有企业公司治理结构中,最为重要的部分包括:股权结构、董事会、监事会和高层管理人员的激励问题。首先,股权结构是公司治理的基础,对公司治理的实效起着决定作用,决定了股东结构和股东大会的构成,进而以此决定董事会、监事会和经理人员的组成。其次,董事会是对外代表公司的执行机构,对公司治理有着十分重要的影响。监事会享有对公司董事、经理人员及股东的监督权。经理人员由董事会任命,负责实施董事会的决议,对董事会负责,受监事会的监督。最后,建立有效的对高层管理人员的激励和制约机制是完善公司治理结构的关键。三者相辅相成,统一于国有企业的内部治理机构之中,只有协调好三者的关系,才能最大限度地发挥公司治理结构的内部效能,提高公司治理绩效,从而增强国有企业的工作效益和核心竞争力。

从兵团的情况看,至 2009 年年底,兵师两级国资委履行出资人职责的 103 家企业,改制面达到 96%,国有独立核算工业企业全部进行了改制,并相应建立了法人治理结构。但改制后的兵团国有企业在法人治理结构方面仍有很多问题亟待解决,成为国有企业内部治理结构效率低下的最主要原因。

5.3.1 兵团国有企业法人治理结构存在的问题

5.3.1.1 公司股权结构不合理，国有股比例偏高、"一股独大"

兵团大中型国有企业按照现代企业制度的要求重组改制上市后，大部分股权仍由控股的兵、师两级所有，处于绝对优势地位，国有股"一股独大"现象相当普遍，致使多元利益主体的制衡机制缺失。截至 2010 年，兵团在沪上市发行 A 股的 12 家上市公司中，国有绝对控股（股份在 50% 以上）的公司 4 家，占 33%。而且国有股作为第一大股，与第二大股东持股量相差很多，上述的 12 家国有公司中，第二大股东持有股份比例都不超过 8.7%。① 大股东和国有股东的代表基本上控制了公司董事会，流通股股东在董事会的代表性不足，使得公司的经营决策权集中在少数关键人手中。

5.3.1.2 法人治理结构的不完善，影响了国有企业的经营和治理绩效

董事会、监事会、经理层之间没有形成严格的权力制衡关系。公司治理结构的核心是要形成决策、监督与执行之间相互制衡关系，保证治理公司的权力不被滥用。因此，各权力机构的人员一般不能交叉重叠。兵团改制后的国有企业实际上是由兵、师两级授权的"授权投资机构"来控制，公司董事长总经理由上级党政机关、"授权投资机构"任命的比较普遍，许多公司董事长兼任总经理，甚至包括党委书记三职一人担任，权力高度集中，导致公司经理人员对企业财产的掠夺和对股东利益的侵害，或者出现投资者对企业经营干预过多而导致经理人员工作积极性主动性下降和企业外部约束力弱化等问题，严重地影响了公司决策执行质量和市场经营风险分散原则，也是导致企业决策失误、经营管理低效率的主要原因之一。

"内部人控制"问题普遍。以兵团上市公司为例，内部董事平均占董事会的比例都高达 74% 以上，② "内部人控制"问题突出，使得兵团改制公司中通过关联企业的恶意经营、职务犯罪和损害股东权益的行为，时有发生；同时，由于公司决策权高度集中于内部人手中，甚至实行家长式管理，内部管理缺乏程序化、透明化，一些上市公司不能按时、客观地披露

---

①② 根据上海证券交易网上资料整理得出。

公司的业绩和信息，决策透明度和专业化水平都很低，决策质量较差，不利于健全公司的外部监控机制和提高国有资产的营运效率。与此同时，由于外部董事制度刚刚起步，作用还很有限，债权银行介入公司运作制度没有普遍推行等原因，国有企业公司董事会缺乏内部相互制衡的机制。

董事长同董事会、董事长同总经理的权限不清。《公司法》对董事长、董事会和总经理的职权作了明确的划分，规定董事长行使职权主要在董事会内，未得到董事会的授权，董事长不得脱离、更不能超越董事会擅自行事。总经理负责日常的经营管理工作，执行董事会的决策。但很多时候并非如此，董事长、董事会不能按法定授权进行有效工作，没有解决好自己在公司的角色定位问题。在公司董事长和总经理"兼任"的情况下，常常表现为董事长凌驾于董事会之上，全权行使董事会的职权，用个人决定代替董事会的决议，董事会形同虚设。在董事长和总经理分设的情况下，董事长要么表现为滥用职权，决策越位，要么把一切工作都推给总经理，无所事事，起不到应有的作用。①

监事会的监督职能不到位。首先，兵团国有控股上市公司的监事会的监事大多数来自公司内部，② 同时监事特别是职工监事常常既是监督管理人员的监督者，又是受管理者支配的被管理者，这种结果往往是监事会与董事会常常意见高度一致。其次，在经济上，独立董事的报酬和监事会成员工薪基本上都由大股东或管理层决定。再其次，在我国二元制的公司治理结构下，有关制度赋予给独立董事和监事会的职权存在交叉与冲突，致使他们之间容易产生扯皮现象。在这样的权利机构设置下，很难对内部人以有效制衡，监事会无法担当起监督董事会和管理层的职责。因此，在实践中，监事会的作用经常被忽视，变成了一个在董事会控制下的议事机构。

另外，由于兵团体制特殊，企业的治理模式和兵团最高权力决策之间存在矛盾。企业股东会、董事会、经理层和监事会，分工明确，各司其职，协调运转。企业领导人决策是向股东会、董事会负责，而兵师常以常委会、司（师）办公会进行以政治、经济和社会目的决策，两者目标很难一致，还会经常出现兵团行政权力决策代替企业决策的越位现象，并没有真正形成科学的公司治理机制。

---

① 刘延龄：《我国国有企业公司治理研究》，中共中央党校，2005 年。
② 2009 年经兵团授权，兵团国资委才首次向监管企业外派了监事会主席、专职监事。

5.3.1.3　对国有企业经营者缺乏长期有效激励和约束机制

在现代经济理论的委托—代理模型中，为促使代理人努力工作，委托人需要通过调整代理人以效用最大化为方向，使之与自己的利益一致，这就是激励机制的问题。在探索建立激励机制方面，兵团虽然作过不少努力，但总体上看，差距较大，需要下大力气去完善。从内部激励机制上看，国有公司激励约束主要包括股东对于公司董事、监事的激励约束和董事会对高管人员的激励约束两个层次。目前，兵团国有公司的激励约束机制仍有一些亟待解决的问题：

一是国有企业中，股东对于董事会、监事会缺乏有效的激励约束。国有企业的股权结构特点决定了国有产权代表控制董事会、监事会。但由于国有产权的真正收益者和风险承担者是全体公民，实际行使所有权的是由政府国有资产监督管理委员会或授权机构派出国有产权代表。国有产权代表本身没有索取控制权和使用收益的合法权益，也不承担控制权使用的责任，他们代理所有者行使职能时，既没有用好其控制权的充分激励和责任，本身又不受终极所有者对其控制权使用方式的有效监督与约束，所以国有产权代表行使的是廉价投票权。对于国有控股公司来说，虽然有非国有的中小股东的参与，由于受到与会最低持股额的限制在股东大会上没有足够的影响力，因此难以对董事会、监事会进行有效的激励和约束。这样，有权力的国有产权代表无动力去激励约束董事会、监事会，有动力的小股东无权力去激励监督约束董事会、监事会，造成国有企业的股东对于董事会、监事会缺乏有效的激励约束。①

二是董事会、监事会对高管人员的激励约束严重不足。就激励而言，兵团国有企业高管人员的报酬偏低、激励形式单一。目前，虽然许多国有企业实行了高管人员年薪制，但是大多数报酬也偏低。而股权激励只有极少数国有企业的高管人员持股，而且持股数量也不多，个人收入和公司业绩未建立规范联系，高级管理人员的报酬水平、持股数量与公司经营绩效没有显著的正相关关系。目前，兵团基本上没有国有企业实行股票期权激励。就监督约束而言，董事会对高管人员的监督约束有效性不足。由于国有企业中，许多公司是董事长兼任总经理，董事会成员与经理人员交叉任职。在两者"兼任"公司中，董事长操纵董事会来"聘任"自己当总经

---

① 叶祥松：《论我国国有公司的治理结构问题》，载《吉林省经济管理干部学院学报》2002年第2期。

理，实际上形成了自己聘任自己，自己"监督"自己，自己"评价"自己的局面。在两者不"兼任"公司中，董事会尽量安排自己的亲信担任总经理也是一种极为普遍的现象。在上述两种情况下，董事会都不可能对经理人员实行有效监督，而且不少国有企业的董事长和总经理都是由上级部门任命的。这种情况下，总经理我行我素，有时改变董事会的有关决策也不向董事会报告，结果决策归决策，执行归执行，各行其是。

5.3.2 兵团国有企业公司治理存在问题的成因分析

兵团国有资产管理体制改革和内地国有资产管理体制改革的最大不同就在于，兵团的国有企业，不仅要承担贯彻兵团产业政策的职能，而且要通过其直接控股和间接控股的影响力来承担兵团所担负的屯垦戍边的历史使命。因此，在改制的过程中，首先考虑兵团承担的屯垦戍边历史使命的实现载体问题，保持足够多的兵团国有控股公司，尤其是在边境师、团及反对民族分裂主义和非法宗教活动任务艰巨的师、团，保持足够多的兵团国有控股公司是非常重要的。[①] 但是这并不就是说兵团国有经济的发展，必须排斥公有制的多种实现形式。在不同的历史时期，兵团所承担的历史使命不变，但工作重点各有侧重，实现形式也应该有所不同，应该鼓励国有、集体、个体、私营及外商投资参与兵团国有工交建商企业的改制，积极发展混合所有制形式的股份制企业。造成国有股"一股独大"的重要原因之一就是坚持"公有制必须一统天下"的僵化的管理模式。[②] 如果不破除这种僵化的管理模式，就必然会导致前兵团司令员张庆黎（2002）所指出的情况出现，"企业都改成公司制了，但国有独资或'一股独大'，企业最终仍会陷入新的'大锅饭'"。[③]

兵团国有资产的监管工作有待完善。兵团及部分师构建了"国有资产管理委员会—国有资产运营机构—全资、控股、参股企业"三个层次的国有资产管理、监督和运营体制——出资人制度。但是国资监管机构的建立，仅仅意味着出资人机构的到位，并不代表出资人职责已经到位。"出

---

① 金勇刚：《对兵团建立国有资产经营机构理顺国有资产管理体制的思考》，载《兵团党校学报》2001年第5期。

② 胡宗奎、孙红磊：《破除"新疆兵团特殊"观念搞好国有企业》，载《中国农垦》2000年第1期。

③ 张庆黎：《对兵团国有工交建商企业改革的思考》，载《新疆农垦经济》2002年第1期。

资人职责到位远比出资人机构到位要艰难得多，复杂得多"①。也就是说，国资监管机构的建立，"从组织机构上保证国有资产出资人到位"，或是说"为国有资产出资人到位提供了体制条件"，但并没有彻底实现出资人的真正到位，② 也并没有结束困扰兵团国有经济改革与发展的"所有者缺位"和"政企不分"问题：

目前，兵团国资委只是个议事机构，对资产运营机构的人、财、事管理权仍然分布在各职能部门，一方面降低了行权效率，另一方面使资产运营机构感到"婆婆加老板"和多头管理的压力；国资办作为国资委的办事机构，监督框架的核心内容在其职能设置中得到了充分体现，但许多职能都很难落到实处。③

国资监督渠道还没有延伸到团场。团场国有资产监管缺乏统一规范的政策引导，存在着上级部门不正常的超经济行政管理方式干预团场经营。而以行政政策委托团场经营所属国有资产，其数量、性质、用途、权属和经营边界缺少出资人的明确授权，导致团场国资公司的主体地位、治理结构和监管方式不规范，难以落实国有资产的保值增值责任。④

对企业监管的方式是通过"文件"、行政管理和人事安排实现的。其动力机制是外部的行政性推动，即决策外部化、利益外部化、责任外部化、经营权外部化。对企业运行过程大包大揽，既大大提高了组织成本和监督成本，又严重挫伤了企业的积极性，降低了资源的配置效率。

另外，随着越来越多的国有企业改制上市，兵团企业的优质资产大部分已进入上市公司，国有资产的运营模式正逐步从国有企业向公司制企业尤其是上市公司演变，兵团国有资产监管的工作重心适时转变也是亟待解决的问题。

---

① 周放生：《出资人职责到位需要创新思维》，载《上海国资》2004 年第 12 期。
② 徐传谌、庄慧彬：《论国有资产出资人制度的完善》，载《长白学刊》2008 年第 2 期。
③ 成静：《对兵团国有资产监管机制的探讨》，载《新疆农垦经济》2003 年第 3 期。
④ 王海云：《兵团团场国资监管存在的主要问题及对策》，载《兵团党校学报》2010 年第 5 期。

第6章

完善兵团国有资产管理的对策建议

兵团的特殊体制之所以能够长期存在，是因为它符合新疆的实际需要，符合党中央治国安邦的战略需要。从这个意义上说，兵团的改革必须从兵团的实际出发，兵团全部改革的答案只能从兵团的实际中去寻找，任何脱离兵团实际的改革是不可能成功的。目前，兵团国有资产管理还存在改革措施不完全到位、不完全适应市场经济发展的需要等问题，必须也可以通过创新机制、改革体制、完善制度等来解决。从兵团的实际出发，以改革产权制度为基础和前提，以"三化"建设为主战场，以完善公司治理为核心和关键，以优化内外部环境为条件和保障，抓住机遇借势发展，调整产业结构，转变发展方式，做大做强国有企业，不断创造新增量、提高国有资产的运营效率和经济效益，实现国有资产保值增值。

6.1　继续推进兵团国有资产管理体制变革

6.1.1　以组建中国新建集团公司为载体，实现政企分开，政资分开

1997 年，兵团处在经济体制艰难的转轨过程中，为了解除兵团现行体制对兵团在市场经济条件下发展经济的制约，减少经济体制改革中的成本，更好地利用企业集团的优势，适应现代化生产经营发展需要，形成规模经济，创造规模效益，党中央、国务院以文件的形式确定新疆生产建设兵团组建中国新建集团公司，并纳入国家 120 家试点集团范畴。

批准成立中新建集团公司，是中央进一步明确兵团在市场经济条件下

的政治、军事、经济和社会定位，也是为加快兵团经济改革与发展所实施的重大举措。组建中国新建集团，有利于促进兵团政企职责分开，以科学的组织结构和管理方法，取代经济发展过程中人为干扰因素，加快兵团建立现代企业制度的步伐；有利于打破条块经济分割，实行优势互补。实现企业跨师（局）、跨行业、跨部门的联合兼并，将各企业生产能力、技术开发能力、营销能力及产品优势等，通过生产经营活动联合汇聚成强大的整体优势，形成企业规模，最大限度提高经济效益；有利于处理好多样化经营和专业化生产的关系，促进企业组织结构的调整。企业集团不仅具有各项优势，开展多样化经营，以减小企业经营风险，寻找更多的成长机会。同时，还可在各成员企业中实行专业化生产，使二者得到很好的结合。企业集团的发展，对调整和优化企业组织结构起重要作用。它可能解决企业"大而全"、"小而全"，专业化水平低和投资分散，以及达不到经济规模的问题，从而带动产品结构和产业结构的调整，从整体上提高经济效益；有利于推动技术进步，推进现代化管理；有利于资金的筹措和科学运用。企业集团的财务公司不但可以在国内融资，还可以在国际上融资，弥补兵团无法进行社会融资的功能。

但是，当时受认识上影响和客观环境条件（如过去一些制约公司注册的政策环境，特别是税收政策、法制基础等）的制约，中国新建集团公司未能进行实质性公司运作。然而，在中央新疆工作座谈会给予兵团全方位的政策支持，兵团将迎来大建设、大开放、大发展的历史性机遇的情况下，则没有不按照市场经济的要求，进行实质性组建中国新建集团公司的理由。因此，要在兵团党委、兵团的领导下，在职能组织结构上，以兵团作为出资人，尽快组建中国新建集团公司，把集团公司定位为产业资本与金融资本相结合，实体经济与虚拟经济互为补充的混合型控股（集团）公司，把生产经营系统从兵团特殊体制中剥离出来，打破现有的师、团场行政界限，在全兵团范围内优化资源配置。

在具体的操作模式上，中国新建集团公司可以以资产为纽带，形成母子公司体制，母公司对子公司依据其拥有股份的多少行使相应的决策权，既要保证集团实现统一的发展战略和发展规划，又不能影响子公司的独立法人地位。母公司的资本经营责任由兵团国资委负责监督考核，子公司的国有资本经营责任由母公司负责监督考核。集团的组织结构以中国新建集团母公司为核心层，以其全资子公司和控股子公司为紧密层，以母公司和子公司的参股公司为持股层，母公司和子公司以合同、协议形式建立协作关系，以企业为协作层的具有多层次结构的，以资本联合为主体的法人联合体，这样有助于中国新建集团的正常运作和健康成长，并发挥出企业集团的优势，中国新建集团公司架构见图6-1所示。

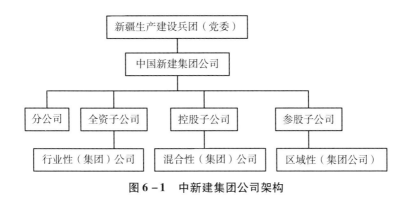

图6-1　中新建集团公司架构

6.1.2　进一步明确企业产权主体，防止行政上对企业过多干预

进一步明确兵团国有企业的产权主体可以从以下三个方面入手：一是兵团国有资本管理层，实现政资分开。二是中介国有资本经营运作层，实现政企分开，建立兵团国有资本代表机构授权监管经营的投资公司、控股公司和集团公司等出资机构。三是兵团国有企业经营层。根据兵团企业的不同性质，规范地进行公司化改造①，解决投融资主体和责任主体不统一、不一致的问题，使兵团国有企业全面建立现代企业制度，从根本上理顺兵团政企不分的体制，达到政企、政资、政事职能的分开，建立整体的"统"管各职能及各师的"分"管相结合的"党政军企"合一的特殊组织管理体制。兵师行政管理从"全能无限"职能转向服务有限职能。合理界定"集权"与"分权"的范围和协调机制，完善以间接手段为主的经济调控体系和服务体系，扮演好"保安员、指导员、裁判员、监管员、服务员"的角色，着力做好政治社会公共服务和经济性公共服务。着重放权、还权，把本应市场调节的、企业该做的还原给市场和企业，实现行政管理的"有进有退"。完善国有资产出资人制度，以产权管理为重点，市场机

① 潘新刚：《对兵团国有资本经营制度创新的几点认识》，载《新疆农垦经济》1998年第4期。

制为手段组织实施经济活动。发挥行政在推进社会公共事业发展中的作用，忠实履行社会管理职责。

6.1.3 深化国有企业改革，完善国有资产经营管理体制

兵团的屯垦戍边职能要求其所属的国有企业不仅要追求利益最大化，还要成为履行屯垦戍边职能的坚强堡垒。因此，加大国有企业改革力度，建立适合兵团的国有资产经营管理体制，做大做强国有企业对于增强兵团屯垦戍边实力具有重要意义。

6.1.3.1 继续推进国有企业股份制改革，深化产权多元化改革

从一定意义上讲，体制制约机制，机制影响效率，效率决定效益。长期以来，兵团国有企业政企不分的问题一直难以从根本上解决，其根源就在于政府的公共管理职能与国有资产出资人的职能不分，国有企业难以形成独立的法人财产制度。股份制作为一种法人治理结构的制度安排，有利于规范政府与国有企业的关系，排除政府对国有企业的随意行政干预和控制，实现政企分开、政资分开，使国有企业真正享有法人财产权，成为独立的法人实体和市场竞争主体。① 兵团国有企业通过股份制改革特别是引进不同所有制的产权主体作为战略投资者，管理体制必须做出相应调整，从而促进经营机制发生重大变化，增强企业适应市场经济发展的能力。新形势下，要继续推进国有企业进行股份制改革，尽快改变国有企业的产权结构，克服单一所有制国有企业缺乏活力的弊端，在国有产权之间、国有产权与非国有产权之间的结合之上形成多元产权结构，实现投资主体多元化，用多元投资主体的国有企业取代单一国家所有制的国有企业，从而改变国有企业的资本结构和组织形式，做到产权明晰和所有者到位，形成企业内部相互制衡的机制，在此基础上全面建立起现代企业制度。

6.1.3.2 推动国有资产战略性重组，促进国有产权流动

兵团实现股份制改造的国有企业，特别是 14 家上市公司等具备一定的规模优势或行业优势，则可通过资本运作，控股或兼并其他企业，不仅可以扩大自身规模，而且还可以盘活存量资产。推动国有资产战略性重

---

① 刘以雷：《新形势下新疆兵团改革发展大思路》，社会科学文献出版社 2010 年版，第 62 页。

组，一是要与产业结构优化升级和所有制结构调整相结合。二是要树立资本经营观念，选择正确的重组方式。总结兵团国有企业改革的经验教训，对行政干预导致的失误必须引以为戒。严格国有资产流动的"四道程序"。即国资退出首先要进行评估、审计；其次，退出要进行公示、公开；再其次，对买方要进行一定的资质审查，看有无购买实力；最后，要让律师事务所、资产评估事务所等中介机构参与国资退出工作，发挥其服务、监督功能。做到流动的方向正确、流动的程序合法、产权交易的过程透明、资产评估的结果合理。三是利用资本市场，推进国有大型企业的产权制度改革。具备条件的国有企业母公司可实现整体改制上市或主营业务整体上市，不具备整体上市条件的国有企业可把优良主营业务资产逐步注入上市公司。有条件的大型国有企业应积极吸引战略投资者，实现国有大型企业集团层面的投资主体多元化。四是做好企业改制重组的配套性工作，采取对冲、划转等方式处置企业相关债权债务和内部往来，抢救有效资产，避免国有资产再度流失。对于尚未改制的企业，要尽快确定未改制企业的改制方案，尽快实施完成。进一步完善重组改制方案，做好改制重组企业的人员安置工作，妥善处理好有关职工切身利益问题，切实落实职工应享受的政策。通过各种措施，解决好热点和难点问题，维护好群众的合法权益，切实帮助他们解决生活、工作、家庭中的实际困难。

6.1.3.3 逐步在团场组建国资经营公司，创建团场生产经营组织制度

为解决团场投资主体单一、政企不分、国有资产出资人缺位、团场承担无限责任、投资效益低下和资产存量不活等问题，要逐步在团场组建国资经营公司，使之承担起维护国有资产所有权益，盘活国有资产存量，负责国有资产保值增值，防止国有资产流失，优化资产配置，实现生产要素合理流动，提高国有资产的整体运营效益的作用。

创新团场生产经营组织制度，实现"两分三到四转变"，即政资、政企职责分离，所有权、经营权分离；界定产权到团场，分离产权到公司，转让产权到职工；实现资产经营由行政主导转变为市场主导，单一产权转变为多元产权，生产性组织转变为公司组织。封闭发展转变到开放发展。团场生产经营要有进有退，把团场的国有资产经营职能转移给团场国有资产经营公司，代表团场行使出资人职责，对团场国有资产承担保值增值责任，对权属企业承担以出资额为限的有限责任。团场不再作为兴办企业的直接出资人，不再为企业提供贷款担保，主要负责团场国有企业改制工

作，加强对控股、参股企业的监管，接受师团党委的监督和业务指导。要改革团场投资体制，逐步形成投资主体多元化、资金来源多渠道、投资方式多样化、投资风险分散化、项目建设市场化的符合市场经济要求的新的投资体制。建立团场出资人—投资公司—经营企业（职工）三个层次的产权主体，构建三重产权关系，按照现代产权制度和市场经济的要求，以产权为纽带，经济合同为保障的运行机制。

6.1.3.4 充分发挥金融业对兵团经济发展的要素贡献和推动力

金融是现代经济的核心，现代的金融供给引导型理论认为金融发展对经济发展起积极的促进作用。良好的金融系统和金融体制有利于资本的积累和资源的优化配置，便于资金的融通和储蓄向投资的转化，从而对经济增长起促进作用。发展金融业对兵团经济发展具有重大意义，有助于推动兵团经济结构调整和国有企业改革发展；支持兵团城镇化建设；提高服务业在兵团三次产业结构中的比重；在一定程度上支持社会保障体制的建立和健全；有助于引导国内外资本参与兵团建设，实现投资主体多元化。因此，要重点培育对支持兵团跨越式发展、推动"三化"建设能够提供要素贡献的银行、政权、信托、保险等。

6.1.4 健全国有资本监督管理运营体系

建立健全兵、师分别代表国家履行出资人的职责，所有者权、责、利统一，人、财、事管理规范的国有资产监督管理体制。切实转变兵、师两级行政职能，规范其国有资产管理行为：（1）正确处理好巩固与调整的关系。兵团建立国有资产出资人制度以来，建立了一整套的国有资产监督管理制度，取得了较好的效果。但由于受体制本身缺失和决策者个人意志偏好的影响，出资人代表驾驭市场经济能力弱，处理解决复杂社会经济问题矛盾能力水平不高，按照行政管理思维和手段管理企业现象在各级都不同程度的存在。在新形势下，按照科学发展观的要求，对兵团的国有资产管理体制要积极进行思路、制度、监管方式的调整，提高出资人素质和处理复杂社会经济问题矛盾的能力。（2）要处理好创新与风险防范的关系。创新是做好国有资产监管工作的必然要求，要在监管制度和监管方式上不断创新，在创新中汲取经验教训，准确把握好出资人定位；加强风险防范，在依法合规的前提下创新，切实防范在创新过程中可能遇到的法律风险、市场风险以及舆论风险；要处理好监管与服务的关系。既要加强监管、规范操作、依法办事，也要牢固树立服务意识，提高服务水平，真心诚意为企业服务，在服务中不断提升工作质量，在服务中探索国有资产监管的新思路、新模式、新方法。（3）要紧紧抓住中央新政策、对口支援等重大机遇，乘势而上、加快发展；要抓住重大项目、市场新需求以及兵团资源优势，以存量引增量，抓住大项目，创造新增量；要注意加强实体经济发展与资本市场运作的有机结合，实现两条腿走路；要善于运用市场机制引进和培养一批兵团企业家队伍；要通过完善公司治理结构，创新工作方法，进一步加强国企的党风廉政建设，为企业改革发展提供坚强保证。[①]

6.2　适度推进兵团国有企业集群发展

产业集群（Industrial Cluster）已成为当今世界经济发展中颇具特色的产业经济组织形式，产业集群不仅发挥了规模经济和范围经济的效益，同时也产生了强大的溢出效应，带动某一地区乃至整个国家经济的发展。在资源富集而经济相对落后的西部地区，产业集群所蕴含的集聚扩散效应正显现出其是欠发达区域实现跨越式发展的有效助推器。

产业集群对区域经济来说，其形成的分工与协作网络、劳动力共享市场、边干边学机制将会大大提高区域内的劳动生产率，改善区域经济的运行质量。一旦区域内的产业集群进入健康的发展轨道，就会在区域内形成一种良性循环，所有区域内的参与者将享受与创新、技术进步和专业化生产相联系的外部经济效益，产生更大的外在性和动态规模经济，从而提升区域经济竞争力。而产业集群能够在欠发达区域健康成长，又佐证了其是欠发达区域实现跨越发展的有效战略工具。欠发达区域的经济发展完全有可能借助产业集群发展式，利用其持续的技术创新、共同进化机制、专业化产业区、集群战略"乘数效应"带动作用等优势，通过政府扶持、市场培育、企业创新，转变经济增长方式，促进农村工业化和城镇化，促进中小企业发展，进一步增强欠发达区经济的综合竞争能力，实现跨越式发展。四川的家具业集群，成都的武侯鞋业集群，德阳的装备制造业集群，西安的电子业集群，云南的旅游业集群、烟草业集群、花卉产业集群等成

---

① 徐敏：《刘建新出席兵团国有资产监督管理工作会议并讲话》，载《兵团日报》2011年2月23日。

熟的产业集群成功的例证从实践上证明了这样的发展轨迹：在区域经济从不发达——欠发达——发达的转变过程中，产业集群起到关键的产业组织协调作用，这也为欠发达地区的发展指明了一条有效的捷径。

就兵团而言，近几年农八师经济的快速发展，也印证了产业集群是实现跨越式发展的有效途径。国家级工业园区——石河子经济技术开发区成立后，利用园区的优势，加快工业园区的建设，从规划上积极引导棉纺企业的集聚，采取外来投资新建、外来资本租赁等多种方式加大招商力度，使石河子市近 3 年工业增长年平均达到 40% 以上，10 年期间使石河子开发区面积扩大了 1 倍，由原来的 25 平方公里扩大到现在的 50 多平方公里。① 因此，立足资源优势转化战略，走一条发挥优势、突出特色、外向带动、资源转换、产业聚集的发展之路，是兵团实现跨越式发展的必由之路。

6.2.1 兵团发展产业集群的 SWOT 分析

6.2.1.1 兵团发展产业集群的优势分析

组织优势。兵团保持着集中统一的集团化管理系统，能够及时、有效、大范围地在全兵团集中人力、物力、财力，具有形成市场竞争优势的潜力。在处理好"特殊体制和市场"关系，深化职能配置和产权联结制度方面改革，逐步适应市场经济的条件下，发挥兵团的大农业优势和组织化程度高、集团特点突出、能够集中力量办大事的优势，就为实施产业集群战略提供了良好的体制保障。

资源优势。新疆石油资源占全国陆上资源总量的 1/4，天然气资源占 34%；煤炭资源占 40%。除了能源资源外，矿产资源、光热资源也很丰富。这些资源既是新疆发展的重要条件，也是兵团发展的物质基础。② 兵团拥有土地总面积达 690 万公顷，其中耕地 106 万公顷，可垦荒地 101 公顷，林地 40 万公顷，果园 3.7 万公顷，牧地 240 万公顷，养殖面积 28 万公顷。兵团农业生产规模化、机械化、现代化水平居列全国前列，棉花、绿色水果、番茄、甜菜等农业特产资源在国内外都具有相当的竞优势，兵团棉花总产量占全国 1/6，且品质很好，瓜果蔬菜由于独特的光照时间长，夜温差大的有利气候条件，产量和品质都很高，有巨大的产业化发展的空间。

---

① 李进峰：《跨越式发展的内涵及实现途径》，载《兵团日报》2010 年 8 月 10 日。
② 聂卫国：《新疆生产建设兵团的改革与发展》，载《实事求是》2006 年第 4 期。

地缘优势。兵团和新疆地处欧亚大陆中心，是世界上唯一的等矩性最好的能将世界三大洋与五大经济增长极联系起来的核心区域，是现代欧亚大陆桥中国西部的"桥头堡"，与周边8个家陆路接壤，拥有16个沿边一类口岸和9个二类口岸。这种特殊的地理位置，将会使兵团成为沟通东西部，连接中亚、西亚、南亚乃至欧洲的重要开放通道。兵团可充分利用已批准的开放口岸，在边境区域创建经济区，实现两个市场、两种资源的大进大出，使东部沿海低位产业整体转移，实现全球制造业产业链贯通中西南亚及欧盟市场。

6.2.1.2 兵团发展产业集群的劣势分析

区位劣势。兵团位居国内市场体系末端，运输成本高，远离以大中城市为主体的特色农产品消费群体，远离交通运输主干线，不利于产品运输和交流，对最新市场动态难以及时掌握。

工业化水平低，龙头企业发展能力弱。总体上看，兵团工业水平不高，仍处在工业化初级阶段。与全国平均水平以及东部发达地区相比，工业增加值占GDP的比重和非农劳动力占全社会劳动力的比重较低。工业内部结构层次不高、竞争力不强、工业增长质量不高。兵团现有的龙头企业，均从20世纪80～90年代开始发展以国有控股企业为主体、以农产品为主营业务，企业规模小、布局分散、产业集中度低。

市场开放度不足，多元投资格局尚未形成。兵团受计划经济影响较深，在经营管理机制上与市场经济不相适应，多数企业对市场的应变能力不强，这是兵团发展产业集群的重要制约因素。兵团绿洲农业经济使各行业、各地区相对封闭，自成体系，分工协作性较差，对于跨地区、跨部门、跨行业、兵地产业资源整合的制约因素多，难以形成整体合力。受经济水平影响，民间投资和利用外部资金能力和水平低，投资硬件环境、制度环境、产业环境以及服务环境有待改善。新建城市自我发展能力弱，招商引资困难，造成投资渠道窄。民营企业融资困难，发展速度缓慢。大多数特色资源优势难以转为经济优势。

城镇化水平滞后。受政治、历史和自然环境等客观因素影响，兵团175个团场分布于新疆63个县市中，点多、面广，且规模较小，各团场间产业雷同，低水平相互竞争，加之团场规模和人口密度小，特别是流动人口少，开发强度低，功能单一，核心度、聚集度低，信息传导缓慢，生产要素流动成本高，分散的布局不易形成规模效益和聚合效益。团场小城镇建设仍处于初级阶段，除北泉镇之外，其他均为非建制镇，且基础设施不完善，以团部为中心的小城镇体系交通设施不发达。相当一部分小城镇只承担着简单的商品交换集散功能和行政职能，一定区域内的经济中心、服务业中心、科技教育和政治文化中心等职能没有充分发挥，弱化了团场小城镇的辐射功能，小城镇之间相互影响带动功能较弱，对经济拉动作用难以发挥。现有的 4 个城市中，仅石河子市具有一定规模并能够发挥辐射带动作用，五家渠、阿拉尔以及图木舒克三个新建市仍在起步发展阶段，规模较小。各城市没有形成突出产业，缺乏特色。综合承载力不强，城镇吸纳剩余劳动力的能力较弱。交通、能源和城镇基础设施建设不配套、不协调的矛盾突出。集聚产业和人口的难度大，聚集市场要素能力不强，辐射带动作用有限。由于兵团特殊的体制，兵团城镇管理职能严重缺失，城镇建设管理职能不能得到很好的落实，造成城镇建设部门管理上"缺位"，国家、自治区的有关法律、法规在兵团难以贯彻落实，影响了城镇建设管理工作。

6.2.1.3　兵团发展产业集群的机遇分析

新疆大开发战略实施吸引许多发达省区的出口企业把产业转移到新疆，为兵团构筑产业集群带来难得的历史机遇。2010 年，中央新疆工作座谈会对推进新疆和兵团跨越式发展和长治久安作出了战略部署，加快推动资源优势向经济优势转化，扶持优势特色产业发展，要把城镇化、新型工业化、农业现代化作为兵团特殊体制和社会主义市场经济体制紧密结合的有效措施，通过安排中央预算内投资和国有资本经营预算等渠道扶持兵团产业发展，加大对兵团的综合财力补助力度，提高中央财政对兵团公共事业发展的保障水平等多项优惠政策出台，为兵团发展创造了发展的良好氛围，提供了前所未有的重大历史机遇。

我国进入新一轮以重化工为主导的发展新阶段。《国务院关于进一步促进新疆经济社会发展的若干意见》做出了加快新疆和兵团发展的战略部署，鼓励兵团加快优势资源转换，自治区也大力支持兵团工业发展，为兵团工业发展开拓了广阔的空间和机遇。对能源、原材料的强劲需求无疑将带动新疆的石油、天然气及其他优势矿产资源的开发利用，这为兵团从农副产品加工业向重化工业转换升级，承接产业转移、加快产业集群发展提供了良好契机。另外，经过了 50 多年的发展，兵团已具有一定规模和较完整的工业体系，兵团从组建初期重点发展农业的基础上，注重发展以农牧业产品初级加工为主的兵团工业，现已初步建成了包括煤炭、电力、纺

织、轻工、食品、机械、化工、建材等在内的工业体系，现有工业企业4035个，其中轻工业2024个，重工业2011个，这也为产业集群的发展奠定了基础。[①]

6.2.1.4　兵团发展产业集群的威胁分析

经济发展需要稳定的环境，但目前新疆还存在着分裂势力分裂祖国的活动。这就决定了做好新形势下新疆工作必须紧紧围绕长治久安这个重大而紧迫的任务来进行。境内外"三股势力"一刻也没有放弃把新疆从祖国分裂出去的图谋，始终没有停止过分裂破坏活动。民族分裂主义、非法宗教活动、恐怖主义势力，已成为影响新疆稳定和经济发展的主要因素。分裂与反分裂斗争是长期的、复杂的、尖锐的。以"7·5"事件为例，除了直接的经济损失外，"7·5"事件发生后的一段时间里，由于担心社会不稳定，人身安全得不到保障，企业经营不能正常，一些原来在新疆经营的企业产生动摇，计划来新疆投资的企业保持观望，甚至放弃，新疆的投资环境面临着严峻考验，严重干扰破坏新疆的经济发展。

粗放型经济增长方式使得生态环境压力大。由于兵团生产力水平落后，多年来经济发展主要依靠"高投入、高资源消耗、低产出"的粗放式资源开发拉动，因此在经济开发的同时，生态环境恶劣态势明显，使本来就十分脆弱的生态环境更加恶化。经济增长与环境保护矛盾日益突出，生态环境承受较大的压力，可持续发展将面临严峻考验。另外，就目前自治区及兵团的优势矿产资源的转换战略的目标来看是一种资源掠夺性经济发展，不是经济的可持续发展。重化工业发展迅速，资源型产业特征较为明显，在企业组织结构中，又以中小企业居多，且量大面广，其拼资源、高消耗、投资回报率低的特征明显，给资源环境带来了较大的压力，加剧了经济增长与可持续发展的矛盾。

6.2.2　推进兵团国有企业集群发展的基本思路

6.2.2.1　推进城镇化进程，搭建产业集群发展的平台

中外学者的研究表明，城镇化与产业集群是相互关联、相互促进的。

[①]　根据《新疆生产建设兵团用统计年鉴（2009）》，相关数据计算得出，中国统计出版社2009年版。

城镇是政府的所在地，是人口、企业的聚集地，其所产生出的聚集经济效益吸引了更大规模经济要素和活动的聚集。产业集群的发展，导致了大规模固定资本投资以及对生产要素进行有效的密集型投入，这又扩大了城镇规模。城镇规模的扩大能提供较为良好的为生产和生活服务的基础设施以及软环境，良好的基础设施，发达的市场形态，便利的通讯信息交换，多样化的社会组织形态，完善的制度环境，为企业的生存和发展提供了广阔的空间，为产业集群搭建了发展的平台。因此，没有城镇作为载体和依托产业集群是难以发展起来的。中央新疆工作座谈会对兵团提出推进城镇化建设的要求，并首次把城镇化放在"三化"建设之首，如何抓住中央支持的重大机遇，加快推进城镇化建设，对于兵团经济发展具有里程碑意义。

（1）坚定不移地实施城镇化战略，拓展兵团发展空间。兵团成立以来，一直是以农牧团场为主要载体的屯垦戍边模式。在新的历史条件下，这种模式已经很难再大规模提高兵团履行屯垦戍边使命的能力，兵团无论从区域结构、产业结构，还是就业结构、经济的市场化程度看，只是刚进入工业化发展的初期，发展层次较低。加快城镇化进程，把城镇作为发展产业、聚集人口和实现兵团特殊体制与市场经济有效接轨的重要载体和平台，是新的历史条件下更好地发展壮大兵团、更好地发挥兵团作用，实现兵团跨越式发展的必由之路。城镇化的推进有利于兵团加快土地适度规模经营和专业化生产，加快农业劳动力合理转移和重新组合，提高农业的劳动生产率和综合经济效益，促进农牧团场产业结构的升级和战略性调整；有利于促进产业聚集，带动第二、第三产业特别是服务业的迅速发展，扩大投资需求尤其是吸引民间投资，创造新的就业岗位，增加职工收入；可以有效提高兵团经济发展的稳定性和增长质量，提升经济整体实力，进而增强兵团屯垦戍边事业的凝聚力，提高兵团履行屯垦戍边使命的能力。

（2）合理布局，突出重点，有序发展。努力打造以"垦区中心城市、中心镇、团场小城镇、中心连队居民点"为框架，布局合理、重点突出，具有兵团特色的城镇体系。集中力量，优先发展城市，是建立完善的兵团城镇体系的重点。兵团建设新型工业化要求城镇化的支撑。城市，特别是大城市在技术创新、先进生产力的聚集、人才、金融、信息、交通以及其他公共服务设施的集约能力方面具有镇、团场无可比拟的优势，而且能够最大限度地降低和提高兵团建设新型工业化的成本和效益。加大石河子、五家渠、阿拉尔、图木舒克等城市的基础设施投资力度，改善城市环境，发挥城市的集聚功能，提升城市在区域发展中的综合竞争力。依据四个市的特点，分类指导，突出特色。大力推进南疆铁路和 314 国道沿线、天山北坡经济带、伊犁片区、塔城片区、阿勒泰片区、和田片区、哈密片区中团场集中连片垦区城镇化进程，加快垦区中心城镇的发展。中心城镇按小城市的发展要求规划建设，完善各项综合管理和服务功能。利用政策，创新机制，加快发展速度，提高发展质量，增强内聚力和辐射力，带动垦区的发展。连片垦区内的其他一般城镇要围绕垦区经济社会发展目标，合理确定各自的发展功能，加强分工协作，形成协调统一的城镇发展机制。相对独立的一般团场和部分边境团场城镇，要根据维稳戍边的要求，综合考虑资源、区位、环境、经济发展水平等因素，确定发展方向和规模，要重点改善职工生产生活环境，创建宜居城镇。在现有四个市的基础上，总结城市建设经验，做好规划，尽快推动北屯市挂牌运行。按照师市合一的管理模式，在团场集中连片、经济基础好、资源承载力强、发展潜力大的垦区中心城镇再成立更多的市，使所有具备条件的师均设有师市合一的管理模式的市，形成具有一定规模、各具特色的城市群，成为承接"非农化"人口转移的重要载体，带动兵团经济发展的"增长极"和实现跨越式发展的战略支撑点。以中心团场为基础，引导周边团场经济和人口向中心团场团部集中，形成重点小城镇。

（3）努力完善城镇化发展的机制。完善垦区统筹发展的机制。推进垦区城镇发展规划一体化，基础设施建设一体化，公共服务一体化，劳动力就业一体化，社会管理一体化，逐步建立经济社会发展一体化的机制。通过区域统筹，调整发展布局，解决团场城镇和居民点布局分散、发展能力弱、规模小等问题，重点有序推进兵团城镇发展。完善促进城镇产业发展的机制。以城镇和园区为载体发展工业化，以工业化促进城镇化。加大城市、垦区中心城镇的工业园区建设，完善基础设施，引导工业项目向园区集中。培育支柱产业，发展城镇经济。结合团场实际，鼓励发展特色经济，增加就业岗位，转移富余农业劳动力，推动农业生产经营规模化，有效聚集团场城镇人口，拓展服务业发展空间。为非公经济发展提供宽松环境，增强团场城镇的可持续发展能力。完善城镇管理体制。转变行政职能，整合行政资源，改革不适应城镇化发展要求的行政管理体制，兵、师和垦区中心城镇要逐步建立集中、统一、高效的城镇管理机构。通过对城市和中心镇的管理、服务延伸，逐步降低城镇建设和管理运行成本。完善推进人口有序流动的机制。改革户籍管理制度，增强城镇人口集聚功能。降低进城落户门槛，放宽团场职工群众到城镇的落户条件。建立促进人力资源在垦区有序流动的机制，调控人力资源的合理分布。进一步加快人力资源市场体系的建设，建立创业扶持基金，提高创业能力，鼓励和吸引更多人才到兵团城镇就业创业。

6.2.2.2 加快新型工业化进程，增强经济发展后劲

新型工业化是兵团实现跨越式发展的重要支点。要实现历史性的转变，完成屯垦戍边的历史使命，兵团必须在科学发展观的指导下，走新型工业化道路。通过新型工业化，以大企业大集团为引领，以城镇和园区聚集产业，形成以工业的超常规发展带动三次产业联动，促进经济结构的战略性大调整、发展方式的战略性大转变，实现经济跨越式发展。

（1）以实施大企业、大集团战略为重点，引领工业超常规发展。大企业、大集团是国民经济增长的支点和经济结构优化的载体，其发展状况直接体现了区域经济的发展水平和市场竞争能力的强弱，也是衡量一个地区经济发展水平的重要尺度。坚持"大企业进入、大项目带动、高科技支撑"，用好用足国家支持兵团加快发展的各项政策，抓住农产品加工和优势矿产资源转换基地建设，大力推进重大产业项目建设。借助行政手段，运用市场机制，打破区域分割和行政分割及所有制界线，重点发展食品饮料医药、纺织服装、氯碱化工和煤化工等支柱产业，发展壮大有色金属加工、石油天然气化工、新型建材和装备制造业等产业，着力建设和培育特色农产品深加工和矿业资源转换基地，打造规模优势、集群优势，科学引导和优化资源配置，形成各具特色、优势互补的生产力布局，稳固经济扩张基础。以承接东部产业转移为契机，打造极具吸引力和成本洼地的招商引资平台，培育、引进和支持关联性大、带动性强的大企业大集团。充分发挥大企业、大集团的辐射、示范、信息扩散和销售网络的产业龙头作用，引导社会资源向龙头企业集聚，提高其核心竞争力。帮助协作配套企业做好与龙头企业在质量、标准、管理等方面的衔接工作。积极支持中小企业进入龙头企业的供应网络，建立最终产品与零部件厂商的战略联盟。鼓励龙头企业采用多种方式，对其上下游配套企业进行重组、改造。发挥龙头企业的集聚带动效应，逐步衍生或吸引更多相关企业集聚，通过企业之间的集聚效应降低综合成本，增强竞争优势。突出主业，增强上市公司创新能力，提高上市公司竞争能力和融资能力，发展壮大上市公司。选择有发展前景的大中型企业重点培育和扶持，力争形成每个支柱产业均有上市公司支撑，每个支柱产业均有国内名牌产品。立足新疆边境口岸优势，

发展口岸经济和现代服务业，建立现代物流大通道。

（2）以园区建设为载体，构筑聚集平台。工业园区是提升工业化的有效组织形式。兵团发展工业园区，按照发挥优势、布局合理、辐射带动的原则，以提升竞争力和增强自我发展能力为目标，进一步打破行政区域壁垒，统筹规划。根据兵团特有的自然地理环境和独特的资源优势、产业基础和支撑条件，注重增强区域发展协调性，促进产业合理集聚和集约化发展，形成一批科技含量高、具有现代产业组织活力与管理水平、具有较强市场竞争力的特色优势产业链和产业群。要因地制宜、因势利导，围绕特色产业、资源优势、区位条件、发展基础，逐步引导中小企业向工业园区集中，通过产业磨合和产业重组，实现现有企业围绕同一或相似的产业链的集聚化发展，促进产业集聚，培育"板块经济"。要积极申报和建立各具特色的工业园区，为工业产业提供"孵化器"，催生和建立对区域经济起支柱作用的工业产业集群，实现每个师都有一个产业聚集的园区。要把"重招商重建设"与"重管理重服务"有机结合，制定合适的园区产业政策，提供良好的软硬环境，为进驻园区的企业提供人性化、科学化、优质高效、方便快捷的服务，促进园区可持续发展。

（3）以产业集群规划为导向，形成合理布局。兵团要统筹规划、正确引导，明确产业集群的发展方向，确定产业集群的目标，形成合理的产业布局，推进产业的科学化、集约化、可持续化发展。首先，要制定完整可行的产业集群发展规划。将兵团产业发展规范纳入国家相关发展规划中，在国家产业发展规划和产业政策的指导下，结合兵团实际，编制产业集群发展规划，使之与土地利用总体规划和城市发展规划、团场城镇建设规划等相衔接。用产业集群规划指导工业结构优化升级及区域产业公共服务平台建设。制定的产业集群发展规划要与自治区产业发展布局相衔接配套，在全疆形成较为合理的产业布局。其次，合理布局产业聚集区域和产业集群。在石河子、五家渠、阿拉尔等城市和二师、四师等重点区域布局以高技术密度、高资本密度产业为主的产业集群，大力培育带动作用强、成长空间大的主导产业。中心团场和边境师团抓住产业集群低端，布局以中小企业为主体，进入门槛不高，起步成本较低，并能较快形成一定的产业规模和市场优势的产业集群。最后，打破行政区划界限规划产业集群。要按照区域经济一体化的思路，打破兵地之间、各师之间行政区域界限，统筹规划功能布局，形成区域分工有序、相互协作、前后配套、联接紧密、各具特色的产业集群发展格局。

（4）以延伸产业链为核心，做大集群规模。产业集群形成的关键在于产业链的建立，延伸工业产业链条，是提高工业经济整体素质和市场竞争力，实现区域经济跨越式发展的捷径。兵团要建立和完善项目生成和实施机制，有目的、有针对性地策划一批中下游产业配套项目，积极开展产业链招商，提高区域的产业配套能力，进一步延伸产业链条，加快产业集群成型。同时，通过产业政策导向、放宽投资领域、拓宽投资渠道、技术咨询服务、支持知名品牌和龙头企业招商等措施，鼓励、支持和引导非公有制经济资本投资优势产业及其上下游配套产品生产，完善产业链，实现集群发展。

（5）以提升形象为目标，打造区域品牌。目前，兵团已有中国名牌产品4个，中国驰名商标5件，新疆名牌产品45个，新疆著名商标51件。从兵团发展战略的高度，不断增强品牌意识，深刻认识实施品牌战略对兵团经济结构战略性大调整和发展方式战略性大转变具有重要意义。实施品牌战略，首先，要巩固老品牌。重点扶持技术含量与附加值高、有市场潜力的老品牌企业做大做强，在对外宣传、招商引资、参加会展等活动中，以特色产业身份统一包装、整体亮相，提升产业集群的整体竞争力。其次，要创造新品牌。分类别、分层次、有重点地推进企业争创名牌工作和品牌经营活动。全面组织实施"1511工程"，选择重点行业、重点企业和重点产品给予重点扶持和培育，加快这些企业产品品质和自主创新能力的提升，打造更多的知名品牌。最后，扶持企业培育品牌。加大对企业创建名牌的资金支持和奖励力度，积极打造自主品牌，以提高商标知名度和商品市场占有率为着眼点。保护知名品牌，宣传知名品牌，提高兵团知名品牌的影响力和竞争力。

（6）以融合经济为纽带，促进协调发展。发展融合经济，整合资源、发挥协同效应，创造新的发展优势。首先，兵团与内地经济融合发展。兵团要加强与内地发达地区的往来与合作，积极融入全国市场体系，寻求不同的经济合作领域，通过招商引资，吸引内地大企业大集团进入兵团，解决兵团自身资本、人才、技术、营销渠道的不足。注重生态与环境保护，有选择地承接东部产业转移，通过吸收大企业的直接投资，推进产业升级换代。发挥向西开放的地缘区域优势，依托新疆口岸和向西开放的国际大通道，利用国际国内两个市场、两种资源，发展口岸贸易，全力打造招商引资和合作交流平台。其次，兵团与新疆地方经济融合发展。建立兵地区域统筹发展协调机制，明确兵团与地方在共同发展中享有的权利和共同遵循的原则，避免因行政归属所带来的利益分配和各类纷争问题、重复建设与相互制约的矛盾。按照"边疆同守、资源共享、优势互补、共同发展"的原则，破除兵地之间、行业之间的禁锢，做好重大项目、工业园区建设与自治区和各地州发展建设的衔接，实现由行政经济向区域经济转变，推进兵地融合经济发展。最后，兵团内部经济融合发展。按照优势互补、互惠互利的原则，把突出重点和兼顾一般结合起来，统筹内部各师、团之间各要素分配，突出区域优势，找准各区域发展定位，形成各具特色又紧密关联的产业发展格局。尊重师团产权主体地位，保证重组企业按公司法独立自主运行。打破师团分割体系，产权封闭体系，突出资源优势，加强兵团内部企业整合，建立大型的企业集团和产业集群，如成立兵团棉业集团、纺织集团、煤化工集团、果蔬加工集团、物流集团等，形成产业合力，消除内部无序竞争。

6.2.2.3 加速农业产业化进程，夯实产业集群发展的基础

作为兵团经济的基础和优势产业，经过 50 多年的发展，兵团农业逐渐从满足自给自足向以市场需求为导向组织农业生产转变，具备了实现农业产业化加速发展的基本条件：第一，农产品生产的基础较好和发展潜力较大，具有发展农业产业化所必须具备的规模化优势和标准化、低成本生产优势。第二，具有组织体系和体制优势，团场可以作为农业产业化发展的中介组织发挥服务功能。第三，兵团"龙头企业＋团场＋农户"模式的基本建立，加强了各农业生产主体的利益连接机制。第四，兵团农业已经建立了较为完善的农业保险机制，团场职工养老、医疗等福利待遇逐步得到完善，农业产业化发展过程中风险和收益不对等的情况初步得到解决。第五，兵团农业技术推广能力较强，科技进步对农业生产的贡献份额相对较高。

以市场为导向、以效益为核心、以科技为手段、以农户家庭经营为基础、以龙头企业为纽带，通过社会化服务、专业化生产、农科教结合，穿透产业层次，把农业的产供销、贸工农、经科教诸环节有机结合为一体，组成规模化的利益共同体的现代农业经营方式和组织形式是农业产业化的主要内容，产业集群的共生性和地理积聚特性有助于发挥兵团大农业规模化、集团化及组织程度高的优势，从新形势和新任务出发，加速推进农业产业化进程，从而为兵团国有企业产业集群夯实基础。

（1）合理选择主导产业和发展模式。根据兵团资源禀赋的比较优势，

合理选择和确立具有特色和竞争优势的主导产业和产业集群。以市场需求为导向，有效解决与其他地区产业、产品趋同问题，合理确定主导产业的方向和规模，开发名优特新产品，提高农产品转化率和农产品附加值。以"龙头企业＋团场＋农户"为主要发展模，积极培育和发展农业产业化大型龙头企业和企业集团，加快提升兵团龙头企业的经营水平和带动能力；合理选择项目和产品，积极发展出口创汇农业和外向型龙头企业，拓展兵团农产品的国际市场空间。

（2）加强优质农产品基地建设。切实加强兵团农产品基地建设，用现代化生产方式、先进科学技术、产业化经营模式、企业化管理方式组织农业生产和经营，建设一批投入少、产出高、效益高的农产品基地，建成以"高科技、多功能、可持续、标准化、信息化、工厂化"为主要特征的全国现代农业示范基地。不断提高特色优势农产品原料基地专业化、规模化、集约化、标准化、现代化生产水平，确保农产品质量安全，确保龙头企业的原料供应。要按照兵团优势农产品区域布局，以龙头企业带动，建成区域较为集中、特色比较明显的棉、粮、油、糖、番茄等优质产品，葡萄、红枣、香梨等特色林果，乳、肉等畜产品三大基地。重点抓好主要和特色农产品基地基础设施、良种繁育、新技术推广、标准化生产、质量安全、示范园区建设等关键环节，推进"无公害、绿色、有机"建设，进一步加大实施无公害农产品、绿色食品、有机食品生产技术标准和规范的力度，加大农产品知名品牌的创建和宣传力度，不断提高兵团农产品的知名度和市场竞争力。进一步拓宽原料基地建设融资渠道，鼓励龙头企业和社会上各种企业法人及个人，通过各种方式参与原料基地建设，积极争取国家投资、贴息贷款、企业投入、兵师扶持等多种渠道和方式，加大农业基础设施建设的投入力度，高起点、高标准建设优势农产品基地，提高基地综合生产能力，[①] 努力实现优质农产品加工原料的均衡供应，以保证龙头企业满负荷生产的原料需求。

（3）推进全程产业化。充分发挥兵团已经形成的农业优势，兵团特有兵、师、团三级的集团化组织优势，实现在延长产业链、开发最终消费品上的重大突破。打破师、团地域分割，因地制宜，发挥比较优势，选择一批特色明显、发展潜力大的优势特色农产品，如小麦、大米、辣椒、果品和特色水畜产品等，大力发展农产品加工，形成特色产业。以提高农产品

---

① 兵团农业产业化工作办公室：《兵团农业产业化经营：现状、问题及政策措施》，载《新疆农垦经济》2008 年第 1 期。

升值能力和市场开拓能力为重点，通过引进和培育自己重点龙头企业，开发系列产品，全面推进"从田间到餐桌"的全程产业化，提高兵团农产品加工产值占农业产值的比率，全面提升农业产业化整体发展水平。充分调动各利益主体的积极性，强化高利润的经营环节，支持各类主体经营各种档次的优质农产品，大力发展多环节经营，最大限度地提高农产品附加值，实现利润最大化。

（4）提升农业产业化经营技术水平。以节约成本和提高效益为目的推广农业技术。一是依托"科技之冬"等多种形式，开展团场职业教育，培养有文化、懂技术、会经营的新型农工。二是加强产学研结合，鼓励各类科研机构直接参与龙头企业和农产品基地建设，鼓励研究人员和高校教师进入龙头企业和农产品基地推广科技成果，鼓励和扶持科技人员到兵团兴办科技服务实体。

6.3 完善兵团国有企业内部治理结构

在积极推进国有企业产权制度改革的同时，着力完善国有企业的公司治理，通过治理机关的权利设置，建立一套既分权又能相互制衡的正式制度来降低代理成本和代理风险，防止经营者对所有者的利益背离，保证经营决策的科学和有效，提高治理效率。完善兵团国有企业的内部治理结构本质上来讲，就是在既定的外部治理环境条件约束下，建立正规化、合理化、协调化内部机制的过程，主要包括公司治理机制的完善，董事会的健全和完善，经营者的选择与激励等。

6.3.1 完善各司其职、各负其责、运转协调、相互制衡的公司机制

明确界定股东会、董事会、监事会及经理层的各自权限，做到权责分明。董事会、监事会和经理层之间虽然职责不同，存在着相互制衡的关系，但同时它们应该是协调统一的一个整体，按照《公司法》、《企业国有资产法》有关规定，从制度层面进一步明确股东会、董事会、党委会、监事会和经理层之间的权责边界，确保有关各方依法依规、按制度行权履责，才能保证股东会、董事会、监事会和经营管理者的权限得到有效行

使。从兵团的实际来看，要解决好以下两个问题。

第一，厘清股东会和董事会职责权限。股东会是由全体股东组成的机关，是股东主张权利的最重要的场所。就公司机关的权力安排来看，股东会是公司法定的权力机关。股东会权力定位的最终目标是为了实现股东价值，体现股东对其他利益主体的利益制衡。要确保股东大会行使所有权的职能。董事会对股东大会负责，执行股东大会的决议，具体地说，董事会职权范围包括：负责召集股东大会；执行股东大会的决议；决定公司的经营计划和投资方案；补亏损方案、制订公司增加或者减少注册资本；发行债券或其他证券及上市方案；拟订公司重大收购、回购本公司股票或者合并、分立和解散方案；决定公司内部管理机构的设置；聘任或者解聘公司总经理、董事会秘书；根据总经理的提名，聘任或者解聘公司副总经理、财务负责人等高级管理人员，并决定其报酬事项和奖惩事项；制订公司的基本管理制度①；管理公司信息披露事项；公司章程规定或股东大会授予的其他职权。要进一步完善公司董事会制度，董事会要依照《公司法》和有关法规建立规范的决策程序和责任追究制度。董事会不能超越权限行使本应由股东大会行使的权力，公司董事必须自主判断和行使表决权，承担表决决策失误责任、工作行为责任和不作为责任。

第二，厘清董事会和总经理的责任关系。董事会与总经理的关系是委托—代理的关系，有制衡的一面，也有分工合作的一面，董事会和经理层双方应当建立密切配合与沟通关系：经理层要为董事会运作无保留地提供专业化的意见、足够的信息资料、履行职责的情况报告、必要的组织和人力资源，真诚地配合董事会开展工作；董事会不能独自决定公司的战略走向，重大决策一定要与经理层充分协商，听取经理层的意见。对董事会和总经理的具体职责关系，可以作出如下规定：（1）总经理负责执行董事会决议，依照《公司法》和公司章程的规定行使职权，向董事会报告工作，对董事会负责，接受董事会的聘任或解聘、评价、考核、奖惩；（2）董事会根据总经理的提名或建议，聘任或解聘、考核和奖惩副总经理、财务负责人；（3）按照谨慎与效率相结合的决策原则，在确保有效监控的前提下，董事会可将其职权范围内的有关具体事项有条件的授权总经理处理；（4）不兼任总经理的董事长不承担执行性事务。在公司执行性事务中实行总经理负责的领导体制。在董事会规范运作后，总经理的任免应由董事会

---

① 郭建鸾：《董事会与监事会的职能与关系》，载《时代经贸》2006 年第 3 期。

决定。① 另外，还要建立董事会与总经理相互制衡的机制，即总经理的地位、荣誉、收入与企业成败、盈利密切相关，也与董事长及全体董事的前途、名誉紧密相连，这样董事会才会真正对总经理选择的成败负责，才可能感到有压力，经理也会对公司产生同荣辱、共命运的使命感。

6.3.2　加快以外部董事为主的董事会制度建设

董事会在公司法人治理结构中处于十分重要的地位，发挥着重要作用。一方面，董事会代表了股东利益，是保护股东合法权益、体现股东意志的制度依托，是实现出资人职责到位的最终体现；另一方面，董事会负责企业的重大决策，对企业进行战略性监控，并负责选聘、评价、考核、激励经理人员，是企业内部深化改革、加强管理、提高效率的重要保证。董事会能否充分发挥作用，在很大程度上决定着公司治理结构的有效性，决定着现代企业制度建设的成败。兵团国有企业加快董事会制度建设，应着重从以下几个方面展开。

第一，增加董事会中独立董事、外部董事的比例。为了充分发挥董事会在兵团国有企业中的作用，必要引入外部董事，建立外部董事制度，有效的降低管理者对剩余索取者权益的侵害，实现决策权与执行权分开，从而保障董事会集体决策，更符合股东利益和企业长远发展需要。另外，外部董事往往是某一领域的专家，甚至本身就是其他公司的 CEO，或者是高级管理人员，有着许多宝贵的管理经验，能为公司提供许多有益的建议和咨询，改善公司的经营管理。

为真正发挥独立董事的作用，独立董事制度必须在以下方面加以完善：（1）从兵团的实际出发，对不能实现整体上市的国有大型企业应积极引入外部董事制度。（2）改进对独立董事的提名和选举办法，对于国有独资公司，规定政府国有资产监督管理机构派出的董事中，外部董事（其中包括独立董事）不少于1/3；对于国有控股公司，规定其在独立董事选举中，要么没有提名权，只有选举投票权；要么只有提名权、选举中无投票权。（3）强化独立董事应对公司决策负连带责任。建立独立董事的保险制度，分散独立董事风险，使独立董事能放开手脚进行决策。

在引入外部董事制度的同时，也要关注非外部董事的作用。非外部董

---

① 曹金亮：《提高国有企业董事会治理效率途径探讨》，山东大学，2007 年。

事长期在企业上班，比较熟悉本企业的情况和本行业的专业技术知识，具有较丰富的本企业生产经营管理经验，是董事会综合素质中不可缺少的。外部董事与非外部董事通过相互配合，忠于职守，可以充分发挥董事会的作用。[①]

第二，规范董事会的运作。为了防止董事会"虚化"和"越位"现象的发生，当前兵团公司治理改革，首先要强化董事会的职能（在"厘清股东会和董事会职责权限"中已详细说明，此处不再赘述）。其次要强化董事会的责任。董事会要对全体股东负责，要对公司的各项运行方案进行严格审议，再决定是否以及如何实施，如果董事会的决议导致决策失误，董事会就要负担决策失误的责任。董事会应通过职责的履行确保国有资产的安全以及保护公司职工以及债权人等其他利益相关者的利益不受侵害。董事违反义务、造成公司利益相关者利益受损则应承担赔偿责任。为了提高董事会的运作效率，除应建立执行委员会、提名委员会、薪酬委员会以及审计委员会等传统次级委员会之外，还应建立创新管理委员会、风险控制委员会以及道德委员会，以便提高国有企业的创新能力、规避风险能力以及有效履行社会责任。建立与完善上述各次级委员会的制度建设是确保各委员会有效发挥作用的前提。为了防止委员会滥用权力，公司章程应对委员会的权限做出必要的限制。规范董事会的运作还表现为制订董事会实施细则、完善董事会秘书制度以及董事会会议记录制度等。[②]

第三，提升董事会成员的质量。董事会成员的才干和能力是决定董事会效率的最重要的因素。董事的选拔程序应当能够发现具有不同专长和经验的董事人选以适应公司特定的需求，如选择有丰富相关工作经验及国际视野的人士进入企业董事会，特别是选择有这方面特征的人士作为独立董事进入董事会，更有利于企业选择、监督、考核、奖惩企业的管理层，通过减轻管理层和股东之间的利益冲突来维护企业的效益。要不断提高董事的业绩标准，制定符合兵团国有企业实际的、严谨的个人业绩评估制度予以配合。通过还要对整个董事会业绩的评估，矫正董事会工作方法。评估可以由公司董事会主席、常务董事或公司治理委员组织进行，也可以借助外部咨询机构开展评估工作。

---

① 吕政、黄速建：《中国国有企业改革 30 年研究》，经济管理出版社 2008 年版，第 277 页。
② 谢永珍、李维安：《中国国有企业董事会治理：现状、问题与对策》，载《山东社会科学》2008 年第 11 期。

6.3.3　健全有效的激励和约束机制

6.3.3.1　要建立有效的经理人行为激励约束机制

首先，完善企业领导人员选拔任用机制，加大市场化选聘力度，建设职业经理人队伍。坚持党管干部与经理人市场化相结合，通过市场化的方式选择和考核经理人员，扩大选人用人的视野，努力营造优秀人才脱颖而出、精英人才聚集国企的良好环境。同时，要对选聘人员实行市场化管理，解决经理人员能上不能下的问题，增加任职的危机感，对国有公司的高管人员产生有效的激励和约束，降低代理成本。

其次，改善经理层的薪酬结构，强化长期激励。对经理人员进行激励，不仅是对他们进行物质和精神的奖励，而且是对其素质、能力的肯定，从而使经理层把企业发展目标同个人利益紧密联系在一起，有利于保护出资人的利益。作为"经济人"，经理层追求的不仅是眼前利益和短期收益，更关注未来的预期收益。兵团国有企业经理层目前的薪酬结构很难将经理层个人利益的长远预期与企业长远发展目标统一起来。应当按照短期激励与长期激励相结合的原则，探索经理层持有企业股权的多种方式，根据企业所处行业特点和经营基础合理确定期股、期权等相关制度，建立多元化的薪酬结构，将薪酬与其责任、风险和业绩直接挂钩，与市场接轨，使经理人员处于不断努力的工作状态。具体操作层面上，（1）要进一步完善以年薪制和持股制为主要内容的薪酬制度。国有企业可以根据企业实际，依照财政部颁发的有关企业绩效评价配套文件，形成全面而合理地评估企业高管人员业绩的指标，并且设计出动态变化的科学体系，尽量使年薪合约的内容更加详尽。股票期权的奖励能够使高管人员更着眼于公司的长远发展，应该积极推行企业经营者、科技人员和职工持股经营，建立企业长效激励机制。经出资人或股东大会批准，经营者可以出资购买本企业股份，参与资产收益和股权转让增值收益分配。经营者在该企业任期届满后，在进行离任审计后，确认无弄虚作假和对企业资产造成损失、侵害行为后，可以继续持有企业股份。需要转让股份的，在经营者离任一年后，按评估或审计后的每股净资产在企业内部转让。对通过弄虚作假等不正当手段谋取企业股份或股份收益的，要追回其非法所得并追究相应责任。科技人员持股可以通过出资购买或因贡献突出奖励获得。（2）要把物质奖励与精神奖励结合起来，使企业经营者既获得与其贡献相符的报酬，又要大力提倡精神鼓励。对企业发展有突出贡献的经营者，要大力宣传和表彰。①

最后，建立监督约束机制，规范企业经营行为。建立国有资产损失责任追究制度，强化企业资产经营责任。要规范企业经营者的职务消费，按规定核定企业经营者职务消费范围、额度，建立职务消费报告和审核制度。建立产权代表重大事项报告制度。企业在进行对外吸收合并、兼并、出售股权和资产增资扩股等重大产权变动和重大投资与重大项目建设，重要人事调整，用资产抵押方式向外筹资金额超过规定数额，向外提供借款担保超过规定数额等重大事项，必须事先向企业控股股东或兵团、师国资委及有关部门报告，接受监督。加强企业的财务监督和经营者离任审计制度。按照谁出资谁委派的原则，兵、师国资委向所监管国有独资企业派出财务总监，向国有控股企业推荐财务总监。财务总监直接对出资者负责，不在被派企业领取工资和享受福利待遇。财务总监负责检查企业财务会计制度执行情况，确保企业财务的真实和完整。审核财务预、决算，监督企业大额资金使用、对外投资、担保等重大事项，防范财务风险。企业经营者任期和离任必须进行审计，离任审计结果与其任期内年度审计报告不符，没有完成任期目标的，由出资人根据考核奖惩办法，扣回当年的效益年薪以至部分基本年薪。②

6.3.3.2 增强监事会独立性，完善监事会对董事会和经理层的内部监督机制

监事会的独立性是影响监事会能否对董事会及经理层实行有效监督的重要前提。为了更好地保证监事会这一组织保持自身的独立性，在公司治理中发挥监督作用，可以考虑建立独立监事制度。独立监事，又称外部监事，是指由来自公司外部、与公司无利害关系的专家担任的，能独立行使监督职权的监事。由于独立监事来自公司外部，与公司的董事会及高层经营管理人员无利益上的关系，并由具有法律、财务和管理方面相关知识的专家担任，容易脱离大股东的控制、脱离董事会成员和经理的影响，可以自主地行使监督权，从而保护公司利益和中小股东利益不受董事经理的侵犯。

---

①② 中共新疆生产建设兵团委员会：《新疆生产建设兵团：关于加快兵团国有企业改革和发展的意见》，2005年3月30日。

同时，还要完善监事会制度，加强监事会监管，建立监事责任追究制度，防止监督者滥用监督权力，督促其忠实有效地履行监督职责。监事如果未尽其职，则应承担一定的行政和民事责任，严重者还应承担刑事责任。强化监事培训，建立和健全监事业绩评估制度，探索出符合兵团实际的监事任用和评估制度，切实增强外派监事会的有效性。要把好"入口关"，让优秀人才进入监事会，避免监事任免的不当行政干预，提高监事的监管水平。对于在职监事也应该通过培训，进行继续教育，不断更新知识。在任期内，要由相关部门组成评估班子，对监事工作进行评估，对监事的工作考评，以其监督企业的运作是否规范化、监督职能是否到位为标准，监事的报酬应与其工作业绩挂钩。同时，监事会还要有监事会的自我评估和监事本人的自我评估，正确评价自己的工作，作为今后的参考。

6.4 确立兵团法制地位，完善相关法律法规

市场经济体制条件下，需要更好地通过法律手段来加以引导、规范和保障各类经济行为，保障经济按照规范有序的方向发展。但从中央对兵团定位的地位、性质、任务和作用看，兵团是一个相对独立的特殊社会组织，内部的行政、司法具有相对的区域概念，但很多法律法规，特别是一些部门的行业法律规章，依法行政的主体为各级人民政府，没有明确兵团依法行政的主体地位，由于兵团依法行政的依据不足，处在一个不公平参与市场竞争的境地。因此，兵团要有大的发展，兵团法律地位的确定是一个十分重要的因素。

依法行政，制定一批符合兵团实际，进一步支持兵团发展的法律、法规文件，确立兵团的性质、地位和作用，明确兵团各级行政机关的行政主体资格以及兵地关系的基本法律准则，以兵、师为行政整体向中央和自治区负责，在所辖区域内行使行政管理职能，确保各项政策执行有力，使兵团承担的任务和从事的社会经济活动有可靠的法律依据和保障。

从国家层面上，建议中央和自治区组织调研组，对兵团进行专门调查，以制定出符合兵团实际，有利于兵团巩固和发展的方针、政策和法规，并在条件成熟时，出台相关法律文件，以规定兵团的性质、地位和作用。进一步加大法律、法规对兵团的授权，使其成为授权性的行政主体。制定有关法律明确兵团对其所属资源、资产归属、管理和开发利用的权

力，保护兵团企业合理经营和公平竞争的权力，使兵团的政治生活、经济生活、社会生活都纳入法制化管理，依照法律来调节和规范各种社会关系，调节人与人之间关系，实现依法管理兵团事物，依法管理企业，依法规范市场秩序、社会秩序等，确保兵团经济建设和社会各项事业持续快速发展。

从兵团层面上，兵团要规范、清理现有的各种规范性文件，分清各类文件的效力层次，解决基层在执法中经常遇到的依据冲突问题。特别是兵团、师、团自行制定的各种文件，必须在内容、权限、层级、效力上符合法律和政策规定，保证法制的权威和统一。制定新的规范性文件需要注意文件的整体协调性，尤其是要注意与中央机关制定的规范性文件的协调，与自治区机关制定的规范性文件协调，系统内部门之间制定的规范性文件的协调。[1]

6.5 其他配套措施

6.5.1 构筑有兵团特色的社会保障体系

2010 年新疆工作会议上，胡锦涛指出，要着力保障和改善民生，加快提高城乡居民生活水平。中央对新疆的投入和支援省市的援助资金要重点用于改善各族群众生产生活条件，新一轮援疆工作就此拉开序幕民生问题。而社会保障这一项基本的社会经济制度，是最基本的民生问题，它作为社会的安全网和减震器，是促进兵团经济社会发展不可替代制度安排。社会保障体制改革关系到国有资产的重组和国有资产的产权调整、产权转移。[2] 兵团要把自己从计划经济体制下的政府部门附属物改制为独立自主的市场竞争和经营主体；从行政调拨、配置社会资源的工具改制为通过市场竞争机制优化资源配置的主体；从"小社会"、"大而全、小而全"的封闭性组织改制为高度专业化、开放性的法人；从国有企业一统天下的局面改制为多种所有制经济共同发展的格局；从不承担任何经济责任的单位

---

① 卢大林：《完善兵团制度建设促进兵团依法行政》，载《兵团党校学报》2008 年第 5 期。
② 樊纲：《社会保障体制改革、国有资产重组与国有投资公司的作用》，载《经济研究参考》2001 年第 1 期。

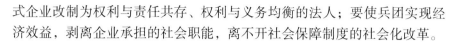

式企业改制为权利与责任共存、权利与义务均衡的法人；要使兵团实现经济效益，剥离企业承担的社会职能，离不开社会保障制度的社会化改革。

6.5.1.1 兵团社会保障制度存在的问题

兵团体制的特殊性及农牧团场为主体的现实，决定了兵团社会保障对象的与我国其他省市有较大的差异，这就使得兵团的社会保障与国家统一社会保障在保障对象上有所区别，具体表现在以下几个方面。

首先，兵团的国有经济比重占绝对优势，国有经济中全民所有制经济占76%以上，因此，国有经济中职工的社会保障是兵团社会保障制度构建的重大课题。国有企业的改革，必然出现养老保险的"历史债务"补偿问题。国有企业长期积累下来的数量庞大的离退休人员，在承认他们过去对国家贡献的基础上按规定支付养老保险，但由于新的制度中没有这部分资金的积累，再加以国有企业资产重组中破产、分立、兼并、股份合作制、合资、收购，等等，将对这个问题带来更大的复杂情况和严重困难。这个问题能否解决，关系到兵团国有企业能不能顺利改革。

其次，由于兵团最初是由大批转业官兵构成，在兵团成立50多年后，第一、二代人现在已陆续进入退休年龄，人口的老龄化较内地来得快、急且比例大，加之兵团老年人基本都是单位人，基本上是社会养老，这就使兵团老龄人口的养老保险任务面临的困难较大。

最后，兵团以农牧团场为主体，农牧团场的职工不同于农村的农民，又不同于城镇的居民，因此，在社会保障体系的设置上就要考虑到其特殊性。

目前，兵团虽然已初步建立了养老、医疗、失业、工伤、生育五险合一的社会保障体系框架。但从总体上来看，兵团的社会保险制度改革仍严重滞后，尚未建立起符合兵团特色的社会保障体系，以致制约了其他方面的改革进程。其主要问题表现在以下几个方面：

一是现行的社会保障制度缺乏效率，社会化程度低，企业负担过重。近几年，配合国有企业改革，兵团在社会保障体系建设方面陆续出台了一些政策、措施。但从总体来看，国有企业依然没有摆脱本应该由社会承担的保障责任和事务，主要资金筹资渠道基本来自企业，个人负担较少，财政投入有限。企业缴费率平均达到35%，企业的社会负担沉重，严重损害了经济效率。

二是社会保障覆盖面窄，基本保障未能满足。基本医疗保险的覆盖范围仍只限于城镇企事业职工、公务人员、城乡离退休职工及参加社会统筹的团场职工，覆盖面较小；部分已破产的国有企业退休人员和困难企业职工无法进入医疗保障范围；对特困群体的医疗救助资金不足。养老保险覆盖率低，参保人群不稳定，断保现象严重。兵团养老保险覆盖面占总人口的近四成，农牧团场的广大群众的养老问题更为严峻；一部分年纪较轻的只看眼前利益，不考虑长远，不愿续保；对参保政策理解有误等导致中断保险的现象大量涌现。另外，由于当前兵团正处于农业产业化、新型工业化加速发展和建设屯垦戍边新型团场的关键阶段，城镇化发展的提速，农民的土地被征用，进城务工农民将急剧增加，对于他们在工伤和大病医疗方面的突出问题，被征地农民的合理补偿以及养老的问题，社会保障的对象、覆盖面等是兵团必须面临和解决的问题。

三是城乡之间、不同职业状况之间的社会保障发展不平衡。仍然存在农场职工群众包地利费高，风险大，收入低，甚至亏损，职工连正常生活都无法保证，致使无钱交保险费的现象时有发生。再加上城镇职工的保险体系建立时间早，经济基础好，各项制度也相对完善，导致兵团的城市与团场之间的社会保障制度建设出现了较大的差距。兵团所属市区由于经济结构调整比较到位，失业保险建设较好，但各团场的失业保险由于农业劳动力的普遍不足，每年需雇用大量的季节工，部分团场还要雇用包地的长期工，农业生产人员供需表现为供大于求，众多团场认为建立失业保险的前提条件还不具备，不同意启动失业保险。[①]

四是社会保障基金的运行的法制化程度不高。兵团社会保障基金的收缴及管理缺乏必要的法治手段，法制化程度不高，对兵团的特殊情况，缺乏明确、具体的有针对性的规定。如边远团场职工、外来拾花工参加社会保险统筹问题一直未出台相关的立法及规定；对兵团社会保障基金来源规定过于笼统，存在一定的缺口。受兵团自身经济条件和财力制约，社会保障基金来源严重不足，缺口大；社会保障基金的收缴缺乏力度，很多时候无法完全兑现。现实中，一些团场、企业借口没立法不参加社会统筹，即使参加了社会统筹的团场、企业，少缴欠缴甚至不缴的情况仍然存在；社会保障基金的保值增值渠道少，基金回报效益差。

五是社会保险管理体制不顺，监督不力。由于管理手段落后，基础工作薄弱，使社会保障管理和决策存在不少失误。一些地区数据不实、弄虚

---

① 贾丽华、张家民：《在改革发展中加快完善兵团社会保障体系》，载《中共乌鲁木齐市委党校学报》2008 年第 3 期。

作假问题十分突出。兵团对师局的监督和调控也缺少基本的技术手段。社会保障经办机构管理经费不足，也严重制约了兵团社会保障事业的健康发展。

兵团现行社会保障制度存在的问题，不利于兵团国有企业转换经营机制和参与市场竞争，因此，构筑符合兵团特色的社会保障制度迫在眉睫。

6.5.1.2　关于建立有兵团特色社会保障制度的对策建议

（1）建立社会保障的多元供给主体。随着兵团产权结构的变化，产权主体分散呈多元化发展，为了在公平的基础上追求效率就要求社会保障的供给主体多元化。目前，兵团城市中国有企业作为社会保障的主要供给者，而在农牧团场之中，团场一级政府成为社会保障的主要供给者。[①] 由于兵团没有自己的财政，没有收税的权力。因此，在社会保障资金的保证上，除了靠上级转移支付外，主要靠参保单位和个人自己承担。为了减轻政府的支付压力，开辟多种筹资渠道，保证社会保障资金的及时、足额发放是当务之急。要在保持相关政策稳定的前提下，不断完善养老保险制度，改革基金筹集模式，努力扩大资金积累规模，推动基本养老金的社会化发放。

（2）完善多层次社会保障体系。养老保险方面，要在兵团国有企业中建立多层次的养老保险体系，即基本养老保险、企业补充养老保险和个人储蓄性养老保险。鼓励开办由企业和个人共同缴费的企业年金计划，倡导有条件的企业在按规定参加基本养老保险的基础上为职工建立企业年金，年金基金实行市场化管理和运营；加快养老金管理服务社会化的步伐，将兵团企业发放养老金的办法改为社会发放，积极创造条件，实现兵团企业离退休人员管理服务社会化；积极探索下岗职工养老保险办法。

失业保险方面，要完善下岗职工解除劳动关系的有效措施，妥善解决好经济补偿问题，努力扩大失业保险覆盖范围，加强基金征缴，增强失业保险基金的支付能力，为下岗职工进入社会做好准备，保证失业人员能按规定领到失业保险金使其必须覆盖企业所有劳动者甚至包括协议保留劳动关系的企业下岗职工；引进职工个人缴费机制；改变失业救济金计发"一刀切"的方法；合理确定失业保险基金的支出结构，使失业救济资金的计发更趋合理公正，以保障失业人员的最低生活水平。

---

① 杨琰军：《兵团农牧团场产权结构变迁与社会保障供给》，载《农业科研经济管理》2010年第3期。

积极稳妥地推进城镇职工基本医疗保险制度改革。努力扩大新制度的覆盖范围，进一步规范医疗服务行为。重点解决好国有困难企业参保以及在转制、关闭、破产企业职工和退休人员的医疗保险问题。探索建立医疗保险基金预警预测机制，进一步加强医疗保险费用支出情况监测，建立完善医疗保险统计指标和定期分析制度。进一步深化医疗体制改革，减轻医疗保险的体制压力，降低医保支付风险。

（3）建立适合团场的社会保障制度。鉴于兵团社会保障体系是建立在农业经济基础之上，且以各师统筹的人口数量太小，保障资金的供给不足的特殊情况，就需要政府在社会保障的供给中承担更多的责任，加大政府对兵团社会保障的转移支出，减轻团场和职工的社会保障支付的负担。合理确定保障标准和方式，努力做到团场各类从业人员平等享有社会保障服务。合理确定团场的缴费率水平，推进兵团级养老保险统筹和团场离退休人员社会化管理工作。制定团场享受失业保险的政策，做好失业保险向社保补贴、转岗培训补贴、职业介绍补贴三方面的延伸工作，为当前和今后劳动力转移提供支持和服务。将新的就业扶持政策延伸到团场，让团场符合条件的人员享受到就业再就业方面的优惠政策。

（4）加强社会保障基金的管理监督。统一预决算制度。各社会保障经办机构根据国家规定的参保范围、缴费比例、给付标准制定年度收支计划报财政部门审查并提交政府批准。社会保障收支预算一经批准，就具有严肃的约束性，各社会保障经办机构必须依据收支预算严格执行。由财政专户统一管理各项社会保障基金应，强化财政的监督职能，保证社会保障基金的安全性和保值增值。[①]

6.5.2 建设高素质经营管理人才队伍

兵团要牢固树立"人才资源是第一资源"的观念，紧紧抓住培养、吸引和用好人才三个重要环节，大力提高管理者素质，努力建设人才队伍，为提高国有资产管理效率，提供人才保证和智力支持。

第一，完善人才选拔和激励机制。建立公开、公正、竞争、择优的人才选拔任用机制和奖优惩劣的兵团人才激励机制，营造有利于人才培养、引进、使用的政策环境。拓宽干部选拔渠道，可面向全疆、全国进行公开

[①] 马召伟：《新疆生产建设兵团社会保障法律制度研究》，中国政法大学，2008 年。

选拔，鼓励先进地区干部到兵团任职。改革和完善国有企业经营管理人才的选拔方式，将党管干部和董事会依法选择经营者以及经营者依法行使用人权结合起来，探索国有企业选人和用人的新机制，推进企业经营者的市场化、职业化。建立对国有企业经营管理的激励和约束机制。企业家需要通过激励和约束机制来维持和强化，单纯靠感情、觉悟等非制度因素是不可能长期留住企业家和真正建立企业家制度，企业家价值的自我实现，如果没有一个好的激励和约束机制也是不可能实现的。按照国家和兵团"1＋8"文件精神和规定，建立对企业家的激励和约束机制，通过持股和期权等方式，从精神和物质两个方面激励企业家经营管理好企业。

第二，创新人才交流机制。人才交流包括"请进来"和"走出去"两方面的内容。在"请进来"方面，为有能之士搭建创业平台。通过项目建设、科技咨询和引进智力等方式，引进科研开发、经营管理、现代营销和重化工等重点行业急缺人才，将人才引进工作重点放在提高引进人才质量上。建立科学合理的人才评估体系，创造适合人才发展的环境，采用期权制和股权制，让各种生产要素参与分配，加大对作出突出贡献的科研人员和科技成果转化人员的奖励，充分调动各路人才的积极性、主动性和创造性。加大中央机关、国家大中型企业、东部发达省市对兵团人才支持力度，特别是增加专业技术援疆干部数量。建立中央对口帮扶兵团边境贫困团场、少数民族团场机制，每年从高校、科研、党政机关、大中型企业选派优秀干部实施挂职扶贫。在"走出去"方面，增加兵团赴国家机关、发达地区和中央企业挂职锻炼的干部数量，适当延长挂职时间。对于挂职干部，要建立有效制度保证其有实职、有实事，确保挂职效果。仿效干部挂职形式，创造机会使优秀职工、非公有制经济发展带头人到先进地区实践、学习。

另外，兵团要打破行业之间、部门之间、兵地之间、师师之间和所有制之间等各类人才壁垒，制定开放的人才管理政策，对兵团人才实行分类管理。根据各类人才的行业、职业特点，对不同领域的人才，采取不同的方法，制定不同的评价标准、培养方式、激励措施和管理方法。

第三，加大人才教育培训力度。要积极培育、壮大、用好兵团的企业家，重点培养和提高他们的战略思维能力、创新创业能力和现代化经营管理水平。充分利用兵团教育资源，积极发展高等教育和职业技术教育。发挥兵团高等院校、职业技术学校作用，有计划、有步骤地采用各种培养方式，广泛开展对兵团经营管理人才的教育培训工作。引导和鼓励企业与兵团系统内外高等院校联合建立培训基地，鼓励社会力量投资开展人才培训工作。加强在职教育，扩大职业教育和培训的覆盖范围，特别是失业人员、农牧团场转移劳动力的培训。充分利用国家和内地的教育培训资源，将兵团所辖城市、团场的党政主要领导，大中型骨干企业高管人员纳入国家有关部委常规培训计划。鼓励沿海发达地区对口支援，对兵团企业国有干部、职工进行培训。

第四，加强后备人才培养。针对兵团在人才开发方面资金十分缺乏的问题，兵团应争取国家拿一部分，兵团自筹一部分的办法，建立兵团人才开发专项资金，国家给予部分资金支持，兵团予以配套，形成以国家、兵师、用人单位、社会和个人多元化人才开发投入机制。兵、师、团及企事业单位要逐年增加人才开发专项资金的预算。兵师各用人单位都要设立人才开发专项资金，专项用于本级人才的培养、引进和奖励等。资金随着经济的增长每年有所增加。定期选送一定数量的优秀中青年干部到大专院校深造和内地大型企业挂职，加大对企业高级管理人才和专业技术人才委培力度，培养造就一支业务精、会经营、善管理的后备人才队伍。不但要培养真正的企业家和高级经理人员，也要培养技术推广和市场营销、产品策划等各种人才，构建具有国际竞争优势经济体系需要的后备人才队伍。每年安排一定数量大学毕业生到团场服务，并在职务晋升、出国深造等方面给予政策倾斜，建立好后备人才梯队。

第五，健全企业经营人才管理机制。建立合理的兵团企业经营者选拔任用机制。完善企业经营者职业利益风险机制，使企业经营者的经济收入、社会声誉、职业生涯等与企业的生存与发展紧密相关。延长兵团农牧团场团长政委的任职年限。基于兵团的特殊体制，团场领导承担着双重角色，而目前团长、政委队伍流动过于频繁，急于出政绩的心态，促使他们更热衷于"短平快"项目。为了推动其行为长期化，可以考虑以项目完成的期限为一个任期，或采用10年制任期模式。

6.5.3　进一步完善投融资体系

完善投融资机制，最大限度盘活国有资产，提高运营效益是一个重大而迫切的课题。进一步完善兵团投融资投资体制，按照兵团实际情况，坚持一个核心，即建立市场化投资体制，扩大社会投资增量；建立起投资主体多元化、投资来源多渠道、投资方式多样化、投资风险分散化、项目建设市场化，完善资本市场，推动产权流动的符合市场经济要求的投资体制；实现四个创新，即创新投资决策机制，创新产权及企业组织形式，创新投资服务环境，创新投资权益保护机制。充分发挥市场配置资源的基础性作用，确立企业的投资主体地位，规范兵团政府性投资项目行为，保护各类投资者的合法权益，营造有利于各类投资主体公平参与、竞争有序的市场环境，广开融资渠道，优化投资结构，提高投融资效益，最终建立市场引导投资、企业自主决策、融资方式多样、富有兵团特色的新型投资体制，保持兵团投资持续稳定增长。

6.5.3.1 加快投资体制改革步伐，建立责、权、利相统一的投资体制

树立市场导向第一的投融资理念，确立行政行为在投资体系中的定位，明确投资范围，合理划分事权。市场经济条件下，政府投资应针对非经营性、非竞争性以及对国民经济发展有战略影响的项目，解决市场缺陷问题。政府投资范围主要是基础设施建设、社会事业发展以及部分基础设施和基础产业三个领域。兵团政府性投资范围应仅限于兵团范围内的固定资产建设、购置和经兵团批准的对外投资。应该将投资机会和风险逐渐让渡给市场主体，并依法保护其合法权益。

扩大企业自主投资决策权，减少兵团各级行政行为对投资主体行为方式的约束，减少行政对企业活动的介入，减少投资体制权责不对称的现象，减少企业的投资行为与行政意志的联系，形成"谁投资、谁负责、谁收益"的投资权责制衡机制。把对投资项目"批准制"改为"核准制"，由企业自主决策，政府核准或备案。

加强对行政投资的监督管理，建立重大投资项目的投资失误问责制。树立用完善的管理制度约束投融资行为的投融资管理理念，用制度规范项目推介、项目管理、项目融资以及市场研究、竞争力分析和项目效益评估等方面的工作，使投资运作方式逐渐规范操作。要建立重大投资项目的投资失误问责制，解决项目建设管理中政企不分、以政代企、项目法人不明确、财务管理混乱、资金浪费严重等问题，最大限度地消除使投资过程中行政权力部门化、部门权力个人化、个人权力利益化的现象。

6.5.3.2 平等对待各类投资主体，构建新型融资体系

兵团大规模投资建设所需要的资金除了争取中央投入外，还有很大缺

口需要自己解决。因此，对于兵团来说，建立一种新的融资理念，在传统融资途径继续发挥作用的同时，大胆尝试新的融资方式，实现融资活动的跳跃式发展意义尤为重要。

以开放的姿态，向社会提供平等的投资机会。在国家政策法规允许的条件下，放开所有可以放开的投资领域，广泛吸纳全社会资金的投入。投资主体可以是国内、国外的，也可以是国有、集体、民营、私营和个体的，只要是合法的资金都可以参与。根据国家有关政策，积极争取国家投入和吸纳社会各类资金，积极推进适宜的行业实施产业化，并实现市场化运作。鼓励民间资本参与建设和经营文化、教育、医疗、体育和各种公益性事业，有条件的可以有偿转让给民间资本经营；对于旅游、传媒等兵团能够进一步发展的产业，允许和鼓励民间资本按照兵团总体规划参与建设经营。

积极采用现代融资方式，创新投融资模式。使用行政融资，弥补市场调节机制的缺陷和不足，用于投资期限长、投资额高、对经济发展贡献大、社会效益好的重点行业项目；利用资本市场，提高直接融资比重。兵团可以利用已上市企业通过联合、兼并、资产重组等形式，扩大企业的经济规模，盘活存量、带动增量，促进企业经营机制转换和结构调整；实施创业投资，利用国家推出创业板的机会，筹建兵团创业投资公司，对极富潜质和成长性但又缺乏资金支持的科技型企业，提供初始资金来源。要把更多的资金吸引到创新活动和创新项目中来，提高兵团第二、三产业的产业层次；开展项目融资，通过 BOT 项目融资方式和 TOT 项目融资方式，在重要基础设施建设上有效地运用，拓展兵团项目融资方式。

6.5.3.3　转变机关职能，加强投融资服务体系建设

按照建立社会主义市场经济体制的要求，兵团宏观调控的主要任务是在遵循国家产业政策的总体原则和总体布局的前提下，结合兵团实际，制定出兵团中长期产业政策，并根据实际变化进行必要的修正。据此，兵团行政行为应该转变为引导投资方向、改善投融资环境和规范投融资行为管理，利用法律手段规避非市场，甚至非法行为对投融资活动的影响，培育兵团的投融资信誉，保障投融资活动的顺利开展。

建立健全引导投融资的市场服务体系。在市场经济条件下，投融资中介服务体系是实现投资各要素自由流动，资源进行合理配置的前提和基础。兵团在大力发展投融资中介机构的同时，对其要建立健全管理办法，

规范其中介行为。各类投资中介服务机构均须与机关部门脱钩，坚持诚信原则，加强自我约束，为投资者提供高质量、多样化的中介服务。健全和完善投资中介服务机构的行业协会，确立法律规范、监督有力、行业自律的行业管理体制。打破师域、团域封闭和行业垄断，建立公开、公平、公正的投资中介服务市场，强化投资中介服务机构的法律责任。

优化投融资环境，建立良好的投融资信用体系。通过整顿和规范市场经济秩序、加强社会信用体系建设、建立及时对称的信息发布制度等方式优化投融资软环境，在全社会营造诚实守信、公平竞争的氛围。严格规范企业投资行为，使企业诚实守信、守法运作。企业投资行为必须遵守国家法律法规和产业政策及行业准入标准，企业应按照有关规定，建立和完善投资风险约束机制、科学民主的投资决策制度和重大投资责任追究制度，建立防范风险的长效机制。

第 7 章

研究结论与展望

7.1 研 究 结 论

7.1.1 思想解放是先导

改革是发展的动力，对于兵团来说，改革的迫切性尤为突出，兵团需要脱胎换骨般的改革。只有在改革理念与执行力度上与发达地区缩短差距，才能在经济发展上缩短差距。兵团的体制是特殊的，但从国家规定的法定意义上讲，兵团是一个企业，具有企业属性，其工交建商企业不特殊，兵师企业也是法人实体和市场竞争主体。在国有企业改革和国有资产管理中，"要敢于弃那些对兵团不科学甚至教条式的理解，抛弃那些对兵团不正确甚至扭曲的认识，抛弃那些停滞不前甚至僵化的观点，抛弃些认为兵团特殊体制和市场机制不能结合甚至将其对立起来的错误做法。"① 兵团经济才能不断地有所发展，有所创新，有所前进。

7.1.2 特殊性寓于普遍性之中

兵团国有企业改革和国有资产管理体制变迁是在我国的经济体制改革大环境下进行的，走的是一条渐进式改革道路。但是兵团的体制是党政军企合一的特殊体制，没有财政，没有税收，长期以来，兵团的发展又受到"计划"影响，与市场经济的要求差距很大，使得兵团的国有企业改革和

---

① 聂卫国在兵团党委五届十次全委会议上的讲话。

国有资产管理体制完善的脚步滞后于其他地区。兵团的企业小、散、弱、主业不突出，缺乏竞争力，管理水平落后，这就要求兵团国有企业的改革不能简单照搬、照抄其他地区的经验和做法，不能简单、僵硬地套用党和国家有关国有企业改革和国有资产管理的方针政策，而必须坚持实事求是的原则，从兵团和兵团企业的实际出发，做到特殊性和普遍性相结合。

7.1.3 管理的目标是双重的

兵团国有资产管理的目标体现了国有资产的经济性和政治性的两重属性，即促进经济的跨越式发展和推进国家的长治久安，并且两个目标之间有着高度的一致性。

7.1.4 改革需要对症下药

通过对兵团国有资产管理效率的理论和实证分析，可以得出当前兵团国有资产管理效率低下的结论。导致这种结果的原因是多方面的：从兵团国有经济的地域分布来看，分散性已经成为兵团最大的问题。组建兵团是在特定的历史时期和一定的历史条件下，国家从维稳成边的战略高度出发而进行的组织创新，从人类社会发展的角度来看，新疆生产建设兵团的确是一种绝无仅有的社会组织形式。国家的长远发展要求兵团作出牺牲，因此，兵团80%以上的团场都分布在环境艰苦的风头水尾地带，这使得兵团的企业在发展的过程中要付出比别的地区高得多的配套成本。改革的深处是产权。股权多元化和分散化是现代企业产权结构演变的重要趋势和特点，而兵团国有企业产权改革不到位、不彻底，还存在着产权结构单一、国有经济比重大；产权主体不分、行政手段干预过多，政企不分；产权多元化改革不规范；产权交易障碍重重等问题，使得兵团的国有企业难以建立起真正的现代企业制度。另外，兵团国有企业在法人治理结构方面仍有很多问题亟待解决："一股独大"、"内部人控制"、"董事会的越位和缺位现象并存"、"被绑架的监事会"、"国有企业经营者的激励约束机制不到位"等问题，成为国有企业内部治理结构效率低下的最主要原因。

7.1.5 发展是一个系统而动态的过程

兵团国有资产管理的完善是诸多因素互相作用、共同推动的结果，必须多管齐下，多轮驱动。新的历史时期，从兵团国有资产管理存在的问题出发，以解放思想为前提，以建立完善兵团国有资产管理体制为重点，以"三化"建设为主战场，大力发展产业集群，做大做强国有企业；抓住重大项目、市场新需求以及兵团资源优势，以存量引增量，实现国有资产保值增值；通过完善公司治理结构、创新工作方法；完善有兵团特色的社会保障体系；善于运用市场机制引进和培养一批兵团企业家队伍；深化投融资体制改革等为国有企业改革发展和国有资产管理工作提供坚强保证。

7.2 研 究 展 望

第一，对兵团国有资产管理研究是一个有益的尝试，本书虽然对当前兵团国有资产管理问题进行了多方面的研究，由于时间、能力有限，本书的研究存在许多欠缺之处。本书提出的理论框架尚嫌粗糙，对有些问题的研究有待进一步深化，特别是对于当前兵团完善国有资产管的对策分析还很不成熟，这将作为笔者进一步研究的方向之一。

第二，通过文献资料和访谈的范式能够让我们对兵团国有资产管理的基本脉络和逻辑有了认识，但是更全面地了解还需要有系统的翔实的数据来支撑和更宽泛领域的学习研究。在研究中由于缺乏相关的数据，对有些问题或浅尝辄止，不能直接用数据进行深刻的定量分析；或囿于学科的限制，对一些问题未能涉及，比如对兵团国有资本预算问题等。

第三，对兵团国有资产管理的绩效评价是一个极其复杂的问题。社会主义的国有企业具有两个基本的属性：营利性和社会性。营利性使得企业会以赢利和利润最大化为基本目标，社会性使得国有企业作为实现社会主义制度目标的载体要承担社会责任。这就使得在评价国有资产管理的绩效的时候，既需要反映国有资产数量方面的增加，也要体现其质的方面的改善；既要反映经济方面的增长，又要体现其社会效益。因此，在实践中上述反面的要求存在着相当大的难度，本研究中也未能构建兵团国有资产管理的绩效评价体系，这也是今后进一步研究的一个重要方面。

附　　录

兵团生产总值（1954～2009 年） 单位：万元

年份	生产总值	工业	建筑业	交通运输仓储和邮政业	批发和零售业
1954	11780	2359	5100	741	738
1957	23306	5862	5553	1948	1883
1962	41328	13575	3287	2761	3290
1965	56461	18073	5659	3516	3770
1970	61439	17481	3000	4679	4839
1975	35648	6627	1394	2052	2358
1978	73999	19459	3365	4508	5666
1980	101937	32433	8555	5165	5832
1985	201281	57977	21293	9501	14343
1990	456919	115096	31776	17594	27614
1991	515577	137511	38243	21828	39810
1992	563449	147869	49679	28215	47854
1993	646732	165094	60487	30070	65951
1994	926005	210214	70294	32801	78609
1995	1216042	238917	79767	37523	97204
1996	1313384	224232	89452	46209	120406
1997	1455020	250178	97703	49502	111275
1998	1618257	255453	127432	60794	131220
1999	1574749	276417	155390	65213	135516
2000	1764103	321603	163673	66867	145006
2001	1897094	364601	193455	91208	180913
2002	2141330	398492	207415	93276	176029
2003	2577755	409605	229116	101599	176541
2004	2888118	455845	253246	101724	185673
2005	3311246	564964	268518	115084	196842
2006	3760294	693498	300698	134448	235352
2007	4412150	910969	363512	157708	277496
2008	5232964	1201483	459397	174244	331738
2009	6106945	1486955	578723	195454	375456

附录2 　　　　　　　　　国有及国有控股企业主营业务

收入（1979～2009年）　　　　　　单位：万元

年份	合计	农业	工业	建筑业	交通运输业	商品流通业
1979	171816	90388	29475	5962	6744	39247
1980	200547	109296	34204	4128	7059	45860
1981	218198	121538	35709	6169	6414	48341
1982	257817	140783	38153	8009	7410	63462
1983	305120	166004	46752	14016	8185	70163
1984	355300	160637	55127	27729	9476	102331
1985	306995	123211	57700	19331	9107	97646
1986	396858	142933	73392	34386	10640	135507
1987	557759	247556	90064	44956	13087	162096
1988	722603	315754	117925	53683	14566	220675
1989	792980	359030	127402	56751	16786	233191
1990	991592	498526	142788	58576	18841	272861
1991	1398548	666837	168097	68467	26961	468186
1992	1622073	688691	196919	90296	28933	617234
1993	2167075	920930	286103	137341	30560	792141
1994	2083751	966299	313336	148476	32565	623145
1995	2978017	1354316	363080	172991	31875	1055755
1996	3486683	1388985	392145	186225	30258	1489040
1997	3611481	1565781	389380	202006	34438	1419876
1998	3744763	1587475	432385	268733	32047	1424123
1999	3458441	1351546	443893	284729	25869	1352404
2000	3791107	1514993	484737	350986	21388	1419003
2001	3337440	1223521	434814	376807	16241	1286057
2002	3758252	1422510	475300	446961	16111	1397370
2003	4441033	1671487	524604	490699	14691	1739552
2004	5198307	1619767	649885	522813	10739	2395103
2005	6718567	2005357	722023	493342	10914	3486931
2006	7390183	2254430	777327	565145	12521	3780760
2007	9069015	2609118	1171507	775284	12228	4500878
2008	9616740	2711233	1245247	930883	14867	4714510
2009	10625814	2664132	1726262	1176041	13927	5045452

参 考 文 献

中文参考文献：

书籍：

[1] 巴泽尔：《产权的经济分析》，上海三联书店、上海人民出版社1997年版。

[2] 埃格特森：《经济行为与制度》，商务印书馆2004年版。

[3] 科斯等：《财产权利与制度变迁——产权学派与新制度学派译文集》，上海三联书店、上海人民出版社2003年版。

[4] 熊彼特：《经济分析史》，商务印书馆1994年版。

[5] 郑新立、李连仲：《国有资产监管与经营》，中国经济出版社2005年版。

[6] 王鸿著：《国有资产管理体系构建论——经济与法律视角的制度分析》，人民出版社2007年版。

[7] 张维迎：《企业理论与中国企业改革》，北京大学出版社1999年版。

[8] 张维迎：《产权·激励与公司治理》，经济科学出版社2005年版。

[9] 岳福斌：《现代产权制度研究》，中央编译出版社2007年版。

[10] 高明华等著：《公司治理学》，中国经济出版社2009年版。

[11] 左学金、程航生：《中国国有企业改革治理：国际比较的视角》，社会科学文献出版社2005年版。

[12] 刘玉平：《国有资产管理》，中国人民大学出版社2008年版。

[13] 陈清泰：《重塑企业制度——30年企业制度变迁》，中国发展出版社2008年版。

[14] 张灏瀚、张明之、王维：《从经营国有企业到管理国有资产》，社会科学文献出版社2005年版。

[15] 杨淦、邓聿文：《国有企业改革与国有资产管理》，中国言实出

版社 2003 年版。

[16] 杨运杰：《国有企业融资结构与企业效率研究》，中国经济出版社 2007 年版。

[17] 国务院国有资产监督管理委员会研究室：《探索与研究——国有资产监管和国有企业改革研究报告》，中国经济出版社 2006 年版。

[18] 李晓丹：《国有资产管理与经营》，中国统计出版社 2000年版。

[19] 李忠信、王吉发、李树刚：《国有资产管理新论》，中国经济出版社 2004 年版。

[20] 何加明：《国有资本运营新论》，西南财经大学出版社 2006年版。

[21] 周绍朋、丁德章：《国有企业改革与国有资产监管》，国家行政学院出版社 2005 年版。

[22] 周绍朋等：《新世纪的国有企业改革与国有资产管理体制研究》，中国人民大学出版社 2006 年版。

[23] 李松森：《中央与地方国有资产产权关系研究》，人民出版社 2006 年版。

[24] 李松森、曲卫彬：《国有资产管理体制改革探索》，东北财经大学出版社 2010 年版。

[25] 李松森、孙晓峰：《国有资产管理》，东北财经大学出版社 2010年版。

[26] 曹世华、周著青、陈志勇：《地方国有资产管理制度研究》，中国科学技术大学出版社 2004 年版。

[27] 蓝定香：《西部国有大中型企业产权制度改革研究》，经济科学出版社 2006 年版。

[28] 刘银国：《国有企业公司治理研究》，中国科学技术大学出版社 2008 年版。

[29] 张卓元、郑海航：《中国国有企业改革 30 年回顾与展望》，人民出版社 2008 年版。

[30] 陈佳贵：《中国国有企业改革 30 年研究》，经济管理出版社 2008 年版。

[31] 常修泽：《广义产权论——中国光领域多权能产权制度研究》，中国经济出版社 2009 年版。

期刊文章：

［32］张承耀：《内部人控制问题与中国企业改革》，载《改革》1995年第3期。

［33］张军：《社会主义的政府与企业：从"退出"角度的分析》，载《经济研究》1994年第9期。

［34］钱颖一：《企业的治理结构改革和融资结构改革》，载《经济研究》1995年第1期。

［35］吴易风：《马克思的产权理论与国有企业产权改革》，载《中国社会科学》1995年第1期。

［36］张维迎：《所有制、治理结构与委托—代理关系》，载《经济研究》1996年第9期。

［37］汪丁丁：《产权博弈》，载《经济研究》1996年第10期。

［38］林毅夫、蔡昉、李周：《现代企业制度的内涵与国有企业改革方向》，载《经济研究》1997年第3期。

［39］刘迎秋：《关键是创建国有产权委托人选择机制》，载《改革》1997年第6期。

［40］杨瑞龙、周业安：《一个关于企业所有权安排的规范性分析框架及其理论含义》，载《经济研究》1997年第1期。

［41］张春霖：《国有企业改革与国家融资》，载《经济研究》1997年第4期。

［42］葛新元：《中国经济结构变化对经济增长的贡献的计量分析》，载《北京师范大学学报》2000年第1期。

［43］厉以宁：《论新公有制企业》，载《经济学动态》2004年第1期。

［44］杨瑞龙：《国有资产管理模式的新探索》，载《现代经济探讨》2003年第4期。

［45］赵小剑、陈清泰：《国资管理体制改革不只是建立一个机构》，载《财经》2003年第6期。

［46］国务院体改办研究所课题组：《产权制度与国有资产管理体制改革》，载《经济学动态》2003年第1期。

［47］杨励、刘美珣：《国有企业的特殊性与我国国有企业的布局定位》，载《清华大学学报（哲社版）》2003年第2期。

［48］魏杰：《国资出资人角色与职责的清晰化——关于国资管理专

司机构的五个问题》，载《上海国资》2003 年第 4 期。

[49] 刘小玄、李利英：《企业产权变革的效率分析》，载《中国社会科学》2005 年第 2 期。

[50] 高明华、王延明：《国有资产监管企业治理结构的实证分析》，载《统计研究》2006 年第 10 期。

[51] 白重恩、路江涌、陶志刚：《国有企业改制效果的实证研究》，载《经济研究》2006 年第 8 期。

[52] 郑海航：《中国国有资产管理体制改革三十年的理论与实践》，载《经济与管理研究》2008 年第 11 期。

[53] 张旭东：《从国有企业改革到国有资产管理体制改革的演变》，载《生产力研究》2009 年第 23 期。

[54] 陈清泰：《国有企业改革与公司治理》，载《南开管理评论》2009 年第 5 期。

[55] 吴凡、卢阳春：《我国国有企业公司治理存在的主要问题与对策》，载《经济体制改革》2010 年第 5 期。

[56] 李楠、乔榛：《国有企业改制政策效果的实证分析——基于双重差分模型的估计》，载《数量经济技术经济研究》2010 年第 2 期。

[57] 贾康：《后改制时代国资出资人如何履职》，载《上海国资》2010 年第 8 期。

[58] 罗成：《兵团现代企业制度与企业管理》，载《技术经济》1996 年第 5 期。

[59] 王义峰等：《兵团工业企业建立现代企业制度初探》，载《农场经济管理》1996 年第 2 期。

[60] 郭尚功：《关于新疆兵团国有资产重组的思考》，载《新疆农垦经济》1998 年第 6 期。

[61] 刘蓬川：《兵团国有企业建立利益制衡机制之我见》，载《新疆农垦经济》1998 年第 5 期。

[62] 邓志敏：《对兵团国有企业实行股份制的再认识》，载《新疆农垦经济》1998 年第 5 期。

[63] 潘新刚：《对兵团国有资本经营制度创新的几点认识》，载《新疆农垦经济》1998 年第 4 期。

[64] 贺新录：《对兵团国有企业实行资本经营的若干思考》，载《新疆农垦经济》1998 年第 4 期。

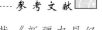

［65］张鸿丽：《对兵团组建股份制企业的思虑》，载《新疆农垦经济》1998年第2期。

［66］樊喆：《兵团国有大中型工业企业亏损分析》，载《新疆社科论坛》1999年第1期。

［67］牛新华等：《利用上市公司推动兵团国有企业》，载《新疆农垦经济》1999年第6期。

［68］张立贵：《对兵团亏损工业企业走出困境的思考》，载《兵团党校学报》1995年第5期。

［69］朱磊：《新疆兵团企业推行现代企业制度探索》，载《石河子大学学报》（自科版）1995年第4期。

［70］祝宏辉：《对股份制理论依据的辨析——兼谈兵团国有企业改制的难点》，载《新疆农垦经济》1998年第1期。

［71］潘新刚：《兵团国有资产管理体制改革研究三得》，载《兵团党校学报》1997年第4期。

［72］余天戈等：《对国有企业改革三项具体措施的思考》，载《中州学刊》2000年第1期。

［73］田军：《兵团国有资产管理体制亟待创新》，载《兵团建设》2000年第11期。

［74］余继志：《兵团国企改革的难点与对策》，载《兵团建设》2002年第3期。

［75］田燕秋：《兵团企业融资的现状及发展趋势》，载《新疆农垦经济》2002年第6期。

［76］张若钦：《兵团国资公司如何有效进行资本运作》，载《新疆农垦经济》2002年第6期。

［77］卢玉文：《从人力资本理论看兵团国有企业改革》，载《兵团党校学报》2002年第4期。

［78］吴新新：《建立兵团国有企业有效筹资机制初探》，载《兵团党校学报》2002年第3期。

［79］成静：《对兵团国有资产监管机制的探讨》，载《新疆农垦经济》2003年第3期。

［80］刘以雷：《对兵团国有资产经营公司可持续发展战略问题的思考》，载《新疆农垦经济》2005年第1期。

［81］张献忠：《浅谈振兴兵团国有企业的创新问题》，载《兵团工

运》2005 年第 12 期。

[82] 李素萍：《新疆兵团改制企业的内部控制问题研究》，载《商场现代化》2006 年第 33 期。

[83] 魏卉：《对完善兵团企业内部控制监督的思考》，载《石河子大学学报》（哲学社会科学版）2006 年第 4 期。

[84] 刘文霞：《对提高兵团国有企业技术创新能力与产业化水平的思考》，载《商场现代化》2006 第 23 期。

[85] 范欣：《兵团国有企业改革：矛盾、问题与可持续发展》，载《新疆农垦经济》2006 年第 1 期。

[86] 赵浩德：《深化兵团产权制度改革　推进经济快速发展》，载《兵团党校学报》2007 年第 5 期。

关于新疆生产建设兵团兵团相关研究著作：

[87] 方英楷：《新疆兵团屯垦戍边史（上、下）》，新疆科技卫生出版社 1997 年版。

[88] 刘以雷：《刘以雷文集（1、2、3、4）》，新疆人民出版社 2006 年版。

[89] 厉声等：《中国新疆历史与现状》，新疆人民出版社 2009 年版。

[90] 马大正：《中国新疆，新疆生产建设兵团发展的历程》，新疆人民出版社 2009 年版。

[91] 马大正：《国家利益高于一切——新疆稳定问题的观察与思考》，新疆人民出版社 2004 年版。

[92] 杨发仁、杨振华：《新疆生产建设兵团改革与发展》，新疆人民出版社 1995 年版。

[93] 颜忠民：《新疆兵团与地方经济融合问题研究》，新疆人民出版社 2004 年版。

[94] 杨宏伟、孟晓疆：《新疆生产建设兵团屯垦戍边经济模式研究》，新疆人民出版社 2009 年版。

[95] 强始学等：《经济发展新论：兵团经济结构转换与跨越式发展》，新疆人民出版社 2003 年版。

[96] 李万明等：《新疆生产建设兵团发展特色经济问题研究》，中国农业出版社 2004 年版。

[97] 李豫新、李小菊：《新疆兵团区域经济差异协调发展研》，新疆生产建设兵团出版社 2007 年版。

［98］王利中、岳廷俊：《新疆生产建设兵团工业简史》，新疆大学出版社 2007 年版。

［99］岳廷俊：《新疆生产建设兵团简史》，新疆大学出版社 2007 年版。

［100］樊根耀：《区域产业演进与结构优化实证研究：以新疆生产建设兵团为例》，西北大学出版社 2006 年版。

［101］颜忠民、张建国：《知识经济与新疆生产建设兵团发展》，新疆人民出版社 1998 年版。

［102］王运华：《新疆生产建设兵团改革？发展与稳定纵论》，新疆人民出版社 1995 年版。

［103］李福生：《新疆兵团屯垦戍边史》，新疆科技卫生出版社 1997 年版。

［104］中共新疆生产建设兵团委员会政策研究室，新疆生产建设兵团农垦经济研究会：《新疆生产建设兵团经济体制改革与发展探索》，新疆科技卫生出版社 2002 年版。

［105］周国胜：《新疆生产建设兵团经济体制改革与发展探索（十四）》，新疆科学技术出版社 2008 年版。

［106］李学军：《新疆经济增长的理论与实践》，经济科学出版社 2005 年版。

［107］潘乃谷、马戎：《中国西部边区发展模式研究》，民族出版社 2000 年版。

［108］姜锡明、朱宇、李薇：《新疆上市公司绩效评估的实证研究》，新疆科学技术出版社 2005 年版。

［109］新疆兵团国资委统计评价处：《新疆生产建设兵团国有企业决算数据资料（2004、2005、2006、2007、2008）》（内部资料）。

［110］新疆生产建设兵团发展和改革委员会编：《新疆生产建设兵团"十二五"规划前期重大问题研究成果汇编》2010 年第 6 期。

［111］李福生、方英楷：《新疆生产建设兵团简史》，新疆人民出版社 1997 年版。

［112］新疆生产建设兵团史志编纂委员会：《新疆生产建设兵团发展史》新疆人民出版社 1998 年版。

博士论文：

［113］蒋丽蕴：《体制与运行：新疆生产建设兵团的历史和现状》，

北京大学，1998 年。

[114] 赵茜：《改制与生存：新疆生产建设兵团社会保障制度研究》，中央民族大学，2009 年。

[115] 刘喜韬：《新疆生产建设与地方用地合作模式研究》中国矿业大学，2008 年。

[116] 王永静：《新疆生产建设兵团经济发展方式转变研究》，石河子大学，2008 年。

[117] 王会艳：《新疆农业产业化龙头企业战略人力资源管理研究》，新疆农业大学，2009 年。

[118] 白萍：《新疆农业产业组织模式研究》，石河子大学，2008 年。

[119] 沈会盼：《新疆特色经济发展战略研究》，中央民族大学，2006 年。

[120] 李新英：《新疆工业化进程中的环境问题研究》，新疆大学，2005 年。

[121] 李春玲：《利用资本市场推动新疆农业产业化经营研究》，沈阳农业大学，2002 年。

[122] 安尼瓦尔·阿木提：《基于区域理论创新的新疆发展战略研究》，大连理工大学。

英文参考文献

[123] Jongwook Kim and Joseph T. Mahoney，Property Rights Theory，Transaction Costs Theory，and Agency Theory：An Organizational Economics Approach to Strategic Management. *Managerial and Decision Economics*，Vol. 26，No. 4 ，Jun 2005，pp. 223–242.

[124] M. C. Jensen and W. H. Meckling，Theory of the Firm：Managerial Behavior，Agency Costs and Ownership Structure. *Journal of Financial Economics*，Vol. 3，No. 4，1976.

[125] David A. Ralston，Jane Terpstra - Tong，Robert H. Terpstra，Xueli Wang and Carolyn Egri，Today's State - Owned Enterprises of China：Are They Dying Dinosaurs or Dynamic Dynamos，*Strategic Management Journal*，Vol. 27，No. 9 ，Sep 2006，pp. 825–843 .

[126] O. Scott Stovall，John D. Neill and David Perkins ，Corporate Governance，Internal Decision Making，and the Invisible Hand ，J*ournal of Business Ethics*，Vol. 51，No. 2，May，2004，pp. 221–227 .

[127] Samuel Mansell, Proximity and Rationalisation: The Limits of a Levinasian Ethics in the Context of Corporate Governance and Regulation, *Journal of Business Ethics*, Vol. 83, No. 3, Dec 2008, pp. 565 – 577.

[128] Real Labelle and Bernard Sinclair – Desgagne, Gender Diversity in Corporate Governance and Top Management Claude Francoeur, *Journal of Business Ethics*, Vol. 81, No. 1, Aug 2008, pp. 83 – 95.

[129] Hayong Yun, The Choice of Corporate Liquidity and Corporate Governance, *The Review of Financial Studies*, Vol. 22, No. 4, Apr 2009, pp. 1447 – 1475.

[130] Lucian Bebchuk, Alma Cohen and Allen Ferrell, What Matters in Corporate Governance, *The Review of Financial Studies*, Vol. 22, No. 2, Feb 2009, pp. 783 – 827.

[131] Vidhi Chhaochharia and Yaniv Grinstein, Corporate Governance and Firm Value: The Impact of the 2002 Governance Rules, *The Journal of Finance*, Vol. 62, No. 4, Aug 2007, pp. 1789 – 1825.

[132] Kose John, Lubomir Litov and Bernard Yeung Corporate Governance and Risk – Taking, *The Journal of Finance*, Vol. 63, No. 4, Aug 2008, pp. 1679 – 1728.

[133] Dennis C. Mueller and B. Burcin Yurtoglu, Corporate Governance and the Returns to Acquiring Firms' Shareholders: An International Comparison, *Managerial and Decision Economics*, Vol. 28, No. 8, Dec 2007, pp. 879 – 896.

[134] Hill C. W. L., Jones T. M., Stakeholder – Agency Theory, *Journal of Management Studies*, Vol. 29, No. 2, 1992, pp. 131 – 154.

[135] Harold Demsetz, Belen Villalonga, Ownership structure and Corporate performance, *Journal of Corporate Finance*, No. 7, 2001, pp. 209 – 233.

[136] Dewenter, Kathryn L. and Paul H. Malatesta, State-owned and privately owned Firms: An Empirical Analysis of Profitability, Leverage, and Labor Intensity, *American Economic Review*, Vol. 91, No. 1, 2001, pp. 320 – 334.

[137] Klaus Gugler, Dennis CMueller, BBurcin Yurtoglu, Corporate governance and globalization, *oxford review of economic policy*, Vol. 20, No.

1，2004，pp. 129 – 15 .

［138］La Porta Rafael，FlorencioLopez-de – Silanes，Andrei Shleifer，and Robert W Vishny，Investor Protection and Corporate Governance ，*Journal of Fi-nance Economics*，Vol. 58，2000，pp. 3 – 27 .

［139］Gugler K. ，Mueller D. C. and Yurtoglu B. B. ，Corporate Governance and Globaliztion ，*Oxford Reviewof Econimic policy*，Vol. 20，No. 1，2004，pp. 129 – 156 .

［140］Harold Demsetz，Belen Villalonga，Ownership structure and Corporate performance ，*Journal of Corporate Finance*，No. 7，2001，pp. 209 – 233.

［141］Donald H. McMillen，Xinjiang and the production and Construction Crops：A Han Organisation in a Non – Han Region，Published by：Contemporary China Center，Australian National University，*The Australian Journal of Chinese Affairs*，No. 6 ，Jul 1981.

［142］Donald H. McMillen，Xinjiang and Wang Enmao：New Directions in Power，Policy and Integration，Published by：Cambridge University Press on behalf of the School of Oriental and African Studies. ，*The China Quarterly*，No. 99，Sep 1984.

［143］Bun，Maurice J. G. Dynamic externalities，local industrial structure and economic development，*Regional studies*，Vol. 41，No. 6，2007，pp. 823 – 837.

［144］Michael Peneder，Industrial structure and aggregate growth，*Structural change and economic dynamics*，Vol. 14，No. 4，2003，pp. 427 – 448.

［145］Coffe J. C，Liquidity Versus Control：The Institution Investor as Corporate Monitor，*Columbia Law Review*，Vol. 91，1993，pp. 1277 – 1368.

［146］Daily，Catherine M. and Dalton，Dan R. ，Board of Directors Leadership and Structure：Control and Performance Implications，*Entrepreneurship：Theory & Practice. A. S. B*，Vol. 17（Spring），1993，pp. 65 – 81.

［147］Fama，Eugene & Michael Jensen，Separation of ownership and contro. *Journal of law Economics*，Vol. 26，1983，pp. 301 – 325.

［148］Gillan Stuart L，Starks Laura T，Corporate Governance Proposals and Shareholder Activisim：The Role of Institutional Investors，*Journal of Financial Econimics*，Vol. 57，2000，pp. 275 – 305.

［149］Hansen，Robert S. ，Paul Torregrosa，Underwriter Compensation and Corporate Monitoring, *Journal of Finance*, Vol. 47, 1992, pp. 1537 – 1555.

[150] Jensen, Michael and William Meckling, Theory of the firm: Managerial behavior, agency costs and capital structure, *Journal of Financial Economics*, No. 3, 1976, pp. 305 – 360.

[151] Kini, Omesh, William Kracaw & Shehzad Mian, Corporate takeovers, firmperformance, and board composition, *Journal of Corporate Finance*, No. 1, 1994, pp. 383 – 412.

[152] Martin, Kenneth and John McConnell, Corporate Performance, Corparate Takeovers, and Management Turnover, *Journal of Finance*, Vol. 46, 1991, P. 671.

[153] Pound, J. Proxy, Contests and the Efficiency of Shareholder Oversight, *Journal of Financial Economics*, No. 20, 1988, pp. 237 – 265.

[154] Aoki, Masahiko, The Cooperative Game Theory of the Firm, Oxford: Clarendon Press, 1984.

[155] Bolton, Patrick and David S. Scharfstein, A Theory of Predation Based on Agency Problems in Financial Contracting, *American Economic Review*, Vol. 80, 1990, pp. 93 – 106.

[156] Borland, J. and Yang, X., Specialization and a New Approach to Economic Organization and Growth, *American Economic Review*, Vol. 82, 1992, pp. 381 – 391.

[157] Demsetz, H. The Structure of Ownership and the Theory of the Firm. Journal of Law and Economics, 1983, 26 (June): 375 – 393. Demsetz, H. The Theory of the firm Revisited. *Journal of Law, Economics, and Organization*, Vol. 4, 1988, pp. 141 – 162.

后　记

　　本书是在我的博士论文基础上不断修改、丰富而最终形成的。"事非经过不知难"。在确定博士论文选题之时，有友笑言我将陷入"两难境地"。"一难"是国有资产管理是一个复杂、难度很大的问题；"另一难"是兵团是一个特殊的社会组织，当别人对兵团的理解还聚焦在其神秘光环之下的时候，我却选择了关系到兵团生存发展的国有资产问题进行研究。可以说，选择这样的题目作为博士论文，需要很大的勇气，论文的写作过程是艰辛的，勉力为之。现在在本书即将付梓之际，心中的重担终于暂时放下，回首一路走来的过程，感慨颇多，无以言表。

　　我要感谢我的导师邹东涛教授。求学期间的点点滴滴，都离不开恩师的谆谆教诲与无微不至的关怀。"本立道生"，导师博大精深的学术修养、开放而活跃的创新性思维、严谨而务实的治学态度、淡泊而平和的人生态度，令我感到由衷的敬佩。从开题、撰写、修改到最终定稿，论文撰写的每一阶段都是在恩师的悉心指导下完成的。每当我在论文写作中遇到问题时，邹老师都给了我最大程度的理解、信任与鼓励，帮助我完成博士论文。在此，衷心感谢邹老师的关怀和指导。

　　感谢我的校外导师新疆生产建设兵团刘以雷副秘书长。刘老师是新疆享有盛誉的经济学家，有着非凡的洞察力，对兵团经济改革和发展，特别是如何搞活兵团的国有经济，做大、做强、做优兵团企业，实现国有资产保值、增值，有着独到而富有前瞻性的见解。在论文的撰写过程中，刘老师不但为我提供了相关的研究资料，而且毫无保留地把他的学术智慧和管理经验传授于我，使我受益匪浅。刘老师对兵团深厚而真挚的情感，对兵团发展强烈的使命感和责任感，一直鼓舞和激励着我，让我迎难而上，不轻言放弃。

　　此时，我要感谢所有帮助和支持过我的朋友们，铭记他们热忱的扶助、感恩他们的提勉之情，我将藏恩于心底，不敢相忘。感谢我的领导和同事们是他们一直在鼓励和支持着我的学习。感谢论文开题、创作、评阅、预答辩过程中帮助指导过我的：王再文教授、宋巧博士、欧阳日辉副教授、葛建新副教授、李汉军副教授、吕光明副教授，他们为我的论文提供了中肯的意见和建议。在中财的学习期间以及论文写作过程中，我还得到了同门栾大鹏、马骁博士的诸多帮助和指导，在此一并表示感谢。

最后，要感谢我的家人，特别感谢始终支持我的母亲，是她的关心和坚持不懈的鼓励给了我前进的动力；感谢我的弟弟和弟妹，他们分担了更多照顾母亲的责任，让我能够专心地完成学业；感谢我的丈夫，他的宽容、理解、支持让我能够克服一切困难去实现自己理想的目标；感谢我的儿子，他的出生为我打开了新的一扇门，让我的生命更加丰富、灿烂。

谨以此书回报大家对我的厚爱！

宋　媛
2014 年 4 月